이해
하거나
오해
하거나

이해하거나 오해하거나

: 소심한 글쟁이의 세상탐구생활

1판1쇄 발행 2019년 3월 27일

지 은 이   김소민
펴 낸 이   김형근
펴 낸 곳   서울셀렉션㈜
편   집   김희선
교정교열   김남희
디 자 인   김지혜
마 케 팅   김종현, 김은빈, 황순애

등   록   2003년 1월 28일(제1-3169호)
주   소   서울시 종로구 삼청로 6 출판문화회관 지하 1층 (우110-190)
편 집 부   전화 02-734-9567 팩스 02-734-9562
영 업 부   전화 02-734-9565 팩스 02-734-9563
홈페이지   www.seoulselection.com

ISBN 979-11-89809-01-0 03900

소심한 글쟁이의
세상탐구생활

이해
하거나
오해
하거나

김소민 지음

CONTENTS

상대적이면서도 절대적인

변하거나 변하지 않거나

타 인
탐 구
생 활

이해하거나
오해하거나

계란에 대한 예의

계란 국장國葬이라도 치르는 걸까. 아침이면 독일인 베른트는 구멍이 세 개 뚫린 기계를 찬장에서 꺼낸다. 오직 계란만 앉을 수 있는 구멍이다. 그 옆엔 과학 실험실에서나 봤던 비커 모양 컵이 있다. 컵에 정교하게 새겨진 눈금으로 계란의 개수와 익힐 정도에 따라 알맞은 물의 양을 알 수 있다. 계란을 삶는 게 아니라 조립할 모양이다.

"삑!" 다 익었으니 모셔가라고 기계가 호령한다. 온도가 높아지며 계란이 터지지 않도록 미리 껍데기에 옷핀으로 작은 구멍도 세공해 넣었다. 이제 익은 계란을 계란만을 위한 의자에 앉힐 차례다. 계란 위에 옷도 입힌다. 베른트는 닭 모양과 곰돌이 모양 계란 옷을 소장하고 있는데 그날 기분에 맞춰 고심해 고른다.

이제 그렇게 모신 계란의 모가지를 칠 차례다. 나이프로 계란 윗부분을 자르며 베른트가 레스토랑 같은 데서는 이렇게 먹지 말라고 당부한다. 매너가 아니란다. 남들이 볼 때는 숟가락으로 톡톡 쳐 계란 머리통을 깨 먹으라고 한다. 속살은 곧 죽어도 계란 전용 숟가락으로 파먹는다. 티스푼으로 먹으면 안 되냐니까 맛이 다르단다. 본인도 사실 모르면서 그냥 주장하는 것 같다. 다르긴 뭐가 다른가. 내가 편견 없이 수십 개를 그렇게 파먹어봤는데 똑같다.

계란을 먹는 것보다 쉬운 일이 어디 흔한가. 사이다만 있으면 그만인 것을. 인생에서 몇 안 되는 아무렇게나 할 수 있는 일마저 꼭 이렇게 의식으로 승화시켜야 하는 이유가 뭐냐 말이다. 어쩌다 독일에 살게 된 지 8개월째, 가장 큰 문화 충격 중 하나는 '계란 문명'이었다.

베른트의 손바닥만 한 부엌엔 국자만 다섯 개다. 생선을 굽는 석쇠는 꼭 생선 모양이어야 하나보다. 이 많은 '특수 목적용' 물건과 기계들이 왜 필요한지 모르겠다. 한번은 방에 나방이 들어왔는데 베른트가 기겁을 했다. 천장이 높아 사다리를 가져온 것까지는 이해가 되는데 그 와중에 신발을 갈아신고 있다. 혹시 미끄러질지 모르니 사다리 올라가기에 알맞은 밑창이 깔린 걸로 꺼내 왔다는 거다. 밑창별로 별별 신발이 다 있는 건 그렇다 쳐도 대체 나방을 잡자는 건가 말자는 건가.

아래층 남자 토마스는 '쓸데없이 정교한 물건' 중독증에 걸린 것 같다. 하루는 허리를 조금도 구부리지 않고 꽃에 물을 줄 수 있는 물뿌리개라며 자랑스럽게 보여주는데 남의 돈이지만 아까웠다. 도대체 허리를 조금도 구부리지 않아야 할 이유는 또 뭔가. 그 집에 어차피 화분이라곤 두 개뿐이다. 그 두 화분, 평평한 데 다 두고 하필이면 테라스의 두 기둥 위에 아슬아슬 시 있다. 토마스의 자랑거리다. 그가 손수 만든 특수한 철사 구조물이 화분 아래쪽에 연결되어 있기 때문에 태풍이 불어도 떨어질 염려가 없다고 한다. 진짜 끄떡없었다. 다만 철사 고문 때문인지 꽃은 다 바짝 말랐다.

가끔 이웃인 콜롬비아인 후안과 이해할 수 없는 독일인 베스트 5, 이런 걸 꼽으며 속풀이를 했다. 여기서 10년 산 후안이 그랬다. "이 사람들, 벽에 구멍 하나 뚫는 데 장비가 다섯 개나 필요하잖아."

어찌 됐건 일상을 괜히 복잡하게 사는 게 꼭 나쁜 것만은 아니라는 생각도 든다. 계란을 그렇게 요란하게 먹다 보면, 뭔가 중요한 일을 하고 있다는 느낌이 든다. 뭉텅뭉텅 지나가버리는 시간, 가끔 계란 모가지를 복잡하게 내려치며 하루의 흔적을 남기는 것도 나쁘지는 않다. 자기 직전 되돌아보면, 오로지 내 의지로 한 일 하나는 또렷이 생각날 것 아닌가. 오늘 계란을 먹었다. 이렇게.

먹지도 못한다. 쓸데도 없다. 그래도 사랑한다

은행원 안드레아스 빌트는 자기가 키운 호박을 싣고 로마르로 향했다. 호박 한 덩이 들어 올리는 데 지게차를 동원했다. 460킬로그램짜리다. 혹시 긁힐까 담요로 덮었다. 독일 노르트라인베스트팔렌 주에서 누구 호박이 가장 큰지 대결 붙는 날이다. 그는 매일 걸치는 양복 대신 감청색 셔츠를 입었다. 등엔 호박 그림과 함께 'EGVGA'(유럽 거대식물 재배자 모임)라 쓰여 있다. 로마르 크레벨스호프에 도착하니 벌써 주홍색 고래 같은 호박 13개가 떡하니 앉아 있다. 경쟁자들이다.

첫 번째 호박은 애교였다. 일곱 살짜리 아홉 명이 키웠다. 호박만큼 거대한 사회자는 대화를 어떻게든 이어가려 숨 가빠했다. 아홉 명 가운데 갈색 머리 사내애에게 물었다. "어디서 왔어요?" 꼬마는 두리번거리며 답했다. "몰라요." 당황한 사회자가 이마에 흐르는 땀을 닦았다. 어린이들의 호박은 14킬로그램이었다. 박수가 터지자 아이들은 정신이 돌아왔는지 함께 호박을 감싸 들어 올렸다.

안드레아스와 호박

허망하다 해도 상관없다. 쓸데없어도 괜찮다. 그는 호박을 사랑한다.

사회자의 시련은 끝나지 않았다. 다음은 어른 말에 답하는 것을 수치로 아는 세대, 사춘기 청소년 다섯 명이다. "이거 사실 아버지가 심은 거예요." 소녀는 한쪽 다리를 짚고 서서 대뜸 폭로했다. 사회자가 동아줄을 잡았다. "그래도 너희들이 정성스럽게 가꿨지?" 측은지심 있는 청소년들이다. 그렇다고 답한다. 사실 이 청소년들은 21킬로그램짜리 자신들의 호박을 아낀다.

벨기에서 원정 온 요스 가예의 호박을 잴 차례다. 이날의 절정이다. 사회자가 분위기를 띄웠다. "유럽 신기록은 793킬로그램, 세계 신기록은 921킬로그램, 자! 세계 신기록을 깰 것인가?" 요스의 귀가 달아올랐다. 내 앞에 선 여덟아홉 살 소년들은 진지하게 의견을 나눴다. "835킬로그램입니다! 유럽 신기록!" 퀸의 '위 아 더 챔피언스'가 터져 나왔다.

이날 호박만 잰 게 아니다. 2.5킬로그램짜리 셀러리 뿌리, 26킬로그램 애호박에 가장 키가 큰 해바라기까지 쟀다. 안드레아스는 내내 저울을 지고 뛰어다녔다. 참가자가 곧 일꾼인 구조였다.

폭우가 쏟아진 틈을 타 사회자는 무념무상의 얼굴로 처마 밑에 앉았다. "아우, 허리 아파." 안드레아스가 푸념하며 맥주를 땄다. 그가 호박이랑 특별한 인연이 있었던 건 아니다. 부모님은 꽃집을 했다. "처음엔 먹으려고 보통 호박을 심었어. 근데 20개씩 되니까 아내가 이걸 다 어떻게 먹을 거냐고 뭐라 하더라고. 그래서 아예 큰 거 하나 키우자 그렇게 시작한 거야." 첫 씨를 뿌린 게 8년 전이다. 첫 수확은 70킬로그램짜리였다. 매년 실력이 늘어 1등도 한 번 했다.

여기선 호박씨도 아무나 못 깐다. 요스 가예의 호박만큼 큰 것에서 나온 씨 한 개를 개인이 사려면 500유로는 내야 한단다. 재배자 모임이 공동구매해 회원끼리 나눠 가지면 실속 있다.

　　이 특별한 호박에게는 궁전 온실도 지어줘야 한다. 온도가 중요하기 때문이다. 세로 10미터, 가로 6미터짜리 온실을 안드레아스가 텃밭에 지으니 아내의 미간에 골이 파였다. 아침저녁으로 알현도 한다. 4월에 씨 뿌려 출근 전에 비닐 걷고 퇴근 후에 덮어줬단다. 그렇게 4~5개월이 지나면 호박 스모 선수가 나온다.

　　먹지 못한다. 맛도 없다. 경연 끝나면 전시하고 3개월 뒤에 배 갈라서 씨 나누면 끝이다. 그런데 왜 키울까? "하루 종일 컴퓨터 앞에 앉아 있다가 호박을 보면 좋아. 한창 부쩍 자랄 땐 하룻밤 새 10킬로그램 정도가 더 자라 있는 거야. 그게 정말 좋아." 허망하다 해도 상관없다. 쓸데없어도 괜찮다. 그는 호박을 사랑한다.

자신을 사랑하는 법

"서울시 영등포구 여의도동⋯⋯." 독일에서 사귄 친구, 파키스탄인 임란은 한국방송 라디오 사서함 주소를 줄줄 외웠다. 파키스탄 바하왈푸르 근처 시골 마을에서 자란 그는 외국 라디오 영어 방송을 듣는 게 취미였다. 집 안에서 전파를 잡기 어려웠던 시절, 열두 살 임란은 지붕에 올라가 엄마가 내려오라고 닦달할 때까지 세월아 네월아 라디오를 들었다. "처음에 대만 방송이 잡혔을 때 가슴이 얼마나 뛰었는지 몰라." 독일 방송 '도이체벨레' 창립 50주년 때는 자기 돈을 털어 축하 플래카드까지 만들고 친구들을 50명 가까이 집으로 초대했다. 그때 치다꺼리했던 누나들한테는 두고두고 학대를 당했다. 정작 도이체벨레 방송사는 임란이 그 야단법석을 떨며 생일을 축하했다는 사실을 까맣게 모른다. 컵, 볼펜, 배낭 등 외국 방송사에서 탄 경품들은 임란의 보물 상자 안에 쌓여 있다.

그의 보물들을 보면 알 수 있다. 임란은 임란이 좋아 죽고 못 사는 사람이다. 학교 졸업장, 정체 모를 증명서들⋯⋯. 온갖 자질구레한 성취들로 빼곡하다. 사실 임란의 가장 큰 성취는 장가를 간 건데, 똑똑한 파키스탄인 부인과 사는 덕에 집단수용소를 방불케 하는 기숙사를 피해 그래도 문명 세계에 가까운 가족용 방을 얻었다. 임란의 자기 사랑이 너무 나갈 때마다, 부인은 눈썹을 코 쪽으로 모으며 "임란!" 하고 브레이크를 걸었다. 유일하게 작동하는 브레이크다. 하여간 일곱 평이 될까 말까 한 그 집에 가면 다른 방 따위 없기 때문에 피신할 수도 없이 그의 모든 성취에 얽힌 사연을 꼬박 들어야 한다. 그 기나긴 설명을 들으며 임란의 순도 100퍼센트 나르시시즘에 반하고 말았다. 그는 자신을 어느 누구와도 비교할 필요조차 느끼지 않는 나르시시즘의 절대 경지에 올라 있었다.

임란은 세상에 그런 자신을 보여주고 싶고 세상을 보고 싶어 안달이 났다. 수업은 들락날락 빼먹으며 온갖 공짜 밥 주는 콘퍼런스는 다 쫓아다닌다. "왜 안 가?" 생각해보면 또 꼭 안 가야 할 이유는 뭔가 싶어 나도 주섬주섬 그를 따라나서게 된다. 한번은 터키 이스탄불의 들도 보도 못한 대학에서 들도 보도 못한 학회가 열리는데 프린트 하자마자 불 태우고 싶은 우리 에세이를 내보자고 임란이 부추겼다. '미친 짓'이다 생각하면서도 그를 따라 냈는데 그 들도 보도 못한 대학에 진짜 가게 됐다. 에세이를 보낸 사람이 거의 없었던 것이다. 그 학회 마지막 날, 내 인생에 다시없을 들도 보도 못한 춤판이 벌어졌다. '유체이탈', 그러니까 영혼을 내보내버리고 오로지 몸으로만 날뛰는 게 얼마나 자유로운지 처음으로 경험했던 춤판이다.

어느 날엔 자기 PR의 시대이니 반드시 블로그를 하라며 한참 설교를 늘어놓더니 자기 블로그를 보여주겠단다. 역시나 임란 사진 퍼레이드다. 이 블로그에 하루에 몇 명이나 들어오는지 아냐니까 자신 있게 대답한다. "아무도 안 들어와." 농담하는 표정이 아니다.

아무도 임란을 슬픔에 빠뜨릴 수 없다. 자기 에세이는 완벽하다고 주장하던 그, 겸연쩍은 점수를 받았지만 그게 뭐 대수겠는가. 동문서답의 제왕이라 친구들도 가끔 임란을 심심풀이 땅콩 삼는다지만 그래서 뭐 어쩔 건가.

그는 하여간 바쁘다. 누가 오란다고 가는 건 나르시시즘계의 졸개들이나 하는 짓. 임란은 초대받지 않아도 그냥 간다. 새해엔 파키스탄 과자를 구워 자기가 어릴 때부터 엽서를 보냈던 도이체벨레 방송국 사람들에게 돌렸다. 베를린에 여행 갔을 때는 숙소 아침 뷔페에 오른 빵과 잼을 비닐봉지 속에 싹쓸이해 점심에 배곯은 친구들에게 나눠 줬다. 베를린 관광 명소인 의회 꼭대기 유리 돔 안에서 임란이 배급한 빵 조각을 허겁지겁 먹으며 나는 전쟁통에 잃어버린 오빠를 다시 만난 것 같은 감격을 느꼈다.

자꾸 같은 말을 계속 듣다 보니, 최면처럼 진짜 임란이 나중에 뭔가 대단한 사람이 될 거라 믿게 됐다. 최소한 묘비에 이렇게 쓸 수 있는 사람은 될 수 있을 것 같다. '너무나 사랑스러워 미칠 것 같은 나 자신과 함께 세상 구경 한번 잘했네!'

그 집 화장실에서 그대로 잠들고 싶다

독일인 마르크는 기린, 베트남, 그리고 코딱지만 한 소품들이라면 죽고 못 산다. 이 세 가지 성물을 모신 신전이 그의 화장실이다. 여행 갈 때마다 챙겨온 베트남 자전거 모형, 연 날리는 소년상 등을 신줏단지처럼 모셔 놨다. 볼일 보는 순간만이라도 자기가 좋아하는 걸로만 이뤄진 오롯한 세계를 누리고 싶다는 몸부림이다.

마르크 친구들 집에 가보면, 집주인이 변신해 집이 된 경우가 많다. 아무래도 아파트처럼 '앞으로나란히' 줄 맞춘 공간에 살지 않으니 개성대로 융통할 여지가 있어 그런 것도 같다. 뭔 풍으로 꾸몄는지는 모르겠는데 집주인이 뭘 좋아하는지, 뭘 중요하게 생각하는지는 눈에 확 들어온다.

손님 올 때 가장 신경 쓰는 공간 중 하나가 화장실이 아닌가 싶다. 청소라면 학을 떼는 마르크도 누가 온다 싶으면 일단 쓰레기를 모두 자기 방으로 밀어 넣은 뒤 화장실 향초에 불을 붙인다. 향초를 담은 컵에는 아프리카 동물이 새겨져 있어 촛불을 밝히면 벽에 기린, 코끼리의 그림자가 아른거린다. 사실 꾸민 정도로만 따지면 화장실에서 대화를 하고 마르크의 방에서 똥을 눠야 맞다. 그 나긋나긋 흔들리는 촛불을 바라보며 변기에 앉아 있으면 똥을 누는 게 아니라 똥꼬로 예술작품을 빚고 있는 것 같은 기분이다.

　양복 각 잡고 매일 은행으로 출근하는 우버는 보헤미안의 꿈을 화장실에서 실현한다. 어디서 조개껍데기를 그렇게 주워 와 주렁주렁 이어 달아놓았다. 나뭇조각, 돌멩이들이 이 구석 저 구석 웅크리고 있다. 첫아기 손바닥 자국이 남은 흰 진흙 장식품은 삐뚜름히 벽에 매달렸다. 화장실 거울 테두리엔 흰 찰흙을 이어 바르고 그 위에 유리 조각들을 촘촘히 박았다. 이 집 애들을 동원해 만든 건데 모든 게 삐뚤빼뚤하다 보니 나름 리듬이 생겨서 그 화장실에 앉아 있으면 밥 말리 노래에 맞춰 오줌을 눠야 할 것 같다.

　사실 내가 이렇게 남의 집 화장실을 탐닉하게 된 건 말이 안 통해서다. 낯선 이에게는 그 자체로 충분히 잔혹한 파티, 그중에서도 으뜸으로 잔인한 것은 바로 스탠딩 파티다. 사흘 굶다 길에 떨어진 주먹밥 발견한 심정으로 대화 상대를 찾아내면 어느 참에 날쌘 인간이 끼어들어 나만 빼고 둘이 입에 모터를 켠다. 그럼 또 달랑 손에 쥔 술잔을 지팡이 삼아 휘청휘청 다른 대화 상대를 물색한다. 어찌어찌 대화에 끼어도 못 알아듣거나, 어찌어찌 알아들어도 맥락을 따라갈 수 없다 보니 혼자 옹알이하는 애가 된 것 같다. 이럴 때 독일어 프리존인 화장실은 눈물나게 알뜰한 피난처다. 적어도 무리에 끼지 못한다고 내가 나를 타박하는 일에서는 잠시 벗어날 수 있다.

　미국 플로리다 광팬이라 휴가만 되면 거기로 뜨는 프리드리히와 하이케 집에 갔을 때도 그랬다. 마당에도 미국에서 본 나무만 심어놓았다. 휴가 이야기를 하는 그들의 눈을 보니 벌써 마음은 마이애미 해변으로 떠나 있다. 둘 다 내가 외국인이란 것도 잊은 지 오래다. 미스코리아 미소를 짓느라 지친 심신을 달래려고 나는 화장실로 슬금슬금 피신했다.

　아, 바닥 난방마저 되는 화장실이었다. 세면대 옆 큰 돌 위에 도마뱀 조각이 살포시 앉아 있고, 말린 꽃들에서 나는 향기가 코를 간질이는데, 나는 식탁으로 돌아가느니 그 화장실에서 그대로 잠이 들고 싶었다.

일상의 탄생

어찌 됐건 일상을 괜히 복잡하게 사는 게
꼭 나쁜 것만은 아니라는 생각도 든다.
자기 직전 되돌아보면, 오로지 내 의지로
한 일 하나는 또렷이 생각날 것 아닌가.

있는 그대로라고, 사랑은 말하지

한스와 크리스텔의 금혼식 아침이다. 맏아들 베른트의 얼굴은 허옇게 떴다. 옛 사진 1만여 장 중에 고갱이만 골라 감동의 스크린쇼를 하겠다 더니 손톱만 잘근잘근 씹고 있다. 사돈의 팔촌, 이웃들까지 족히 40여 명이 곧 들이닥칠 터였다.

이웃들한테도 잔치 동원령이 떨어졌다. 금혼식 당사자의 집 정문 앞에 이웃들이 초록색과 금색 꽃으로 장식한 철봉을 엮어 캐노피를 만드는 게 이 동네 전통이다. 친했던 이웃은 대개 저세상 사람, 남은 사람들도 관절 통 신세라 이 부부는 대놓고 해달라 말도 못하고 속을 끓였다. 그래도 한 동네에서 45년을 부대낀 처지라 이웃들은 삐걱거리는 관절을 다스려가 며 직접 손으로 접은 종이꽃을 정문에 매달았다. 어린 시절부터 전셋값 에 쫓겨 2년마다 동네를 옮겨 다니느라 딱히 고향이나 이웃이 없는 내게 는 생소한 풍경이었다.

우여곡절 끝에 완성된 캐노피 앞에 여든다섯 살 프리츠 삼촌이 말갛게

서 있었다. 프리츠는 금혼식 주인공 크리스텔의 조카의 남편인 먼 관계인데 그러거나 말거나 부퍼탈에서 본까지 고속도로를 세 시간 질주해 왔다. 선물, 전화번호부, 주소록, 핸드폰, 꽃다발, 돋보기, 내비게이션, 지도 다 까먹고 몸만 왔다.

1차는 음식점에서 벌어졌다. 금혼식 주인공들을 태운 차가 캐노피 앞에서 출발했다. 주소도 모르는 프리츠는 차로 따라오기로 해놓고 그새 길을 잃었다. 주인공들은 타는 똥줄을 잡고 프리츠를 찾느라 동네를 몇 바퀴 돌았다.

결국 프리츠를 포기하고 도착한 행사장 앞. 제 스크린쇼에 감동해 자기가 울어버릴까 걱정인 베른트는 멘트 외우기 벼락치기를 시작했다. 각각 여섯 살, 아홉 살인 두 아이는 행사 시작 전 서로 치고받았다. 그 법석 중에 프리츠가 마법처럼 서 있었다. "그냥 좌회전을 계속했어."

베른트의 걱정은 현실이 됐다. 관객은 말똥말똥한데 발표자는 감동의 도가니탕에 빠져 허우적거렸다. "아름다운 어린 시절을 선물해줘 고마워요, 흑흑." 한스와 크리스텔은 전쟁 난민이었다. 지금은 러시아 땅이 된 옛 프로이센 쾨니히스베르크가 그들의 고향이다. 2차 세계대전 때 몸만 달랑 빠져나와 맨땅에 집을 지었다. 그 마당엔 수지라는 토끼가 살았는데 살이 오르자 한스가 잡았다. 베른트가 어린 시절 잡아먹은 수지를 추억하며 선곡한 '왓 어 원더풀 월드'가 울려 퍼지는 사이 프리츠 삼촌은 디저트 메뉴에 정신이 쏙 빠졌다.

이어 노인 친구들은 음담패설 연극을 벌였다. 스태미나 친척들은 둘째

오래된 사랑
마당에 껑충한 포플러 나무들이
밤바람에 씩씩거리고 우버는 노래했다.
"있는 그대로라고, 사랑은 말하지."

아들 우버네 집에서 2차를 벌일 채비를 했다. 한스는 남은 음식을 싸 가겠다고 우기고 베른트는 "먹을 것 천지인데"라며 구시렁거리는데 그 와중에 누군가 말했다. "프리츠 삼촌 어디 갔지?"

또 온 가족이 프리츠 삼촌을 찾아 동네 몇 바퀴를 돌았다. 프리츠의 회색 차를 찾으러 동네 주차장을 다 도는데, 주차된 차의 절반이 회색이었다. 그새 한스가 우겨서 싸 온 음식들이 차 안에서 터졌고 베른트의 복장도 터졌다.

둘째 아들 우버네 집, 넷이나 되는 아이들을 동원해 천장에 종이 하트 100여 개를 달았다. 마당엔 로즈마리, 라벤더가 애들 손때에도 살아남았다. 한 살인 막내 올르는 와자지껄하거나 말거나 라일락 향기 흐드러진 마당을 기어 다니며 흙을 먹었다. 퀴즈와 잡담이 마당에 피운 장작과 함께 사그라지고 우버가 만든 바비큐가 바닥을 드러낼 즈음에야 프리츠에게 연락이 왔다. "운전면허증도 돈도 없더라고. 그냥 집으로 왔어. 그래도 길에서 오래 기다렸어."

아이들은 2층 테라스 바닥에 담요를 깔고 하나둘 널브러져 잠이 들었다. 마당에 껑충한 포플러 나무들이 밤바람에 씩씩거리고 우버는 노래했다. "있는 그대로라고, 사랑은 말하지."

나체족 룸메이트를 구하는 이유

'여성 룸메이트 구함. 방 2개. 기차역까지 5분 거리. 거주자는 독서 즐기는 남자임. 조건은 에프카카(FKK) 공동체.' 말하자면 알몸주의자란 거다. 방은 따로, 화장실과 부엌은 같이 쓰는데 집에선 홀딱 벗고 다니자는 제안이다.

독일 쾰른, 그의 집은 기차역 주변 오래된 건물 3층에 있었다. 낡은 계단은 관절통을 앓는지 삐걱삐걱 비명을 질러댔고 복도는 낮에도 컴컴했다. 나름 센서가 달린 전등은 사람이 더듬더듬 지나간 뒤에야 놀라게 하는 게 기능인지 난데없이 불이 켜졌다. 그냥 튈까.

진짜 오라고 할 줄은 몰랐다. 방을 구하는 건 아니고 어떤 사람인지 궁금하다 메일을 보냈는데 덜컥 놀러 오란다. 놀러 오라는데 안 가기도 그렇고 해서 가겠다니까 친구는 제정신이냐고 한다. 홀딱 벗고 있으면 어쩔 거냐는 거다. 갈팡질팡하다 보니 어느새 알지도 못하는 동네 낡은 층계에서 오금이 저렸다.

늦었다. 이 '밟지 마 아파' 복도 덕에 문을 두드릴 필요도 없다. 문 앞에 키가 190미터는 될 듯한 거대한 남자가 서 있었다. 에른스트다. 다행히 옷을 입었다. 헤벌쭉 웃고 있는 그는 동물 죽는 걸 못 봐 채식주의자가 된 사람이다. 20평 남짓한 집에 살림은 초록색 소파, 식탁, 그 위에 쌓아 올린 서류 더미, 친구가 그렸다는 그림들로 단출했다.

홍보 회사에서 일하는 서른일곱 살 에른스트는 따지자면 네 살 때부터 알몸주의자였을 거라 했다. 부모님은 투표 때 꼭 보수 정당을 찍는 사람들이었는데 옷 입는 것에 대해서만은 급진적 자유주의자였다. 그가 기억하는 네 살 때부터 매년 여름이면 프랑스 서남부 몽탈리베 나체촌으로 두 달씩 휴가를 갔다. "그 동네를 생각하면 소나무 향기가 나." 슈퍼마켓, 책방, 있을 건 다 있는데 파는 사람 사는 사람 다 발가벗고 다녔다. 수세식 변기가 없는 그곳에선 파도가 엉덩이를 만졌다. "병들고 뒤틀리고 젊고 늙고. 이상할 것도 신비로울 것도 없는 수많은 몸을 봤지."

몽탈리베에서 여름을 보낸 30여 년 동안 그의 몸도 변했다. 사춘기 때는 키만 멀대처럼 자라 부끄러웠다. "텔레비전 속 완벽한 몸하고 비교하니까 자기 몸이 볼품없지. 보통 사람들을 보다 보면 내 몸도 뭐 괜찮지 그렇게 돼."

회사 동료들은 그가 알몸주의자인 걸 잘 모른다. 친구가 아니면 굳이 밝히지 않는 까닭은 사람들이 어떻게 볼지 알기 때문이다. 오스트리아 빈에 있는 알몸 수영장 옆을 지나며 동료들이 무심코 뱉은 말을 기억한다. 노출증이라거나 다 한 번 하고 싶어 저런다거나……

그런데 또 이런 오해를 사가며 굳이 벗을 건 뭔가? "어떤 사람들한테 알몸은 곧 섹스겠지. 나한텐 자유야. 생각해봐. 왜 어떤 부분은 가리게 됐는지. 성기나 무릎이나 다 몸인데 말이야. 교육이나 종교라는 이름으로 내 머릿속에 들어와 가려라 마라 이래라저래라 하는 게 싫어." 알몸이 자유라면 또 굳이 여성 룸메이트를 구할 건 뭔가? 남자와 여자 모두 룸메이트로 같이 살아봤는데 대체로 여자들이 더 깨끗하고 말도 잘 통한다는 게 이유였다. "알몸 공동체라고 추운데도 꼭 벗자는 게 아니야. 상대가 싫어하는데 알몸을 보여주겠다는 것도 아니야. 벗고 싶을 때 벗는 자유를 서로 지켜주기로 합의하자는 거지."

그는 쾰른 주변에 알몸으로 수영할 수 있는 곳들을 알려줬다. 내가 엄마 앞에서도 홀딱 못 벗는다고 하니까 딱 30분 지나면 괜찮을 거라고 했다. "옷 벗고 풀밭에 누우면 그렇게 평화로울 수가 없어. 안 해보면 몰라." 듣다 보니 점점 까짓것, 한 번 사는 인생인데 해볼까 싶어졌다.

첫사랑을 만나는 시간

　"징하게 오래 됐당께." "징하게 오래 돼부렀어." 독일 본에 있는 공원 라이나우. 한번 네 맘대로 뒹굴 테면 뒹굴어보라는 듯 호방하게 펼쳐진 잔디밭에서 평균 나이 마흔다섯 살은 되어 보이는 주민 3000여 명이 쾰른 사투리로 떼창을 한다. 이 지역 사투리로 노래하는 록밴드 '바프' 콘서트다.

　웃기자는 밴드가 아니다. 예순세 살 된 이 밴드의 리더 볼프강 니데켄은 적어도 이 지역 사람들에겐 독일의 밥 딜런이다. 1992년 쾰른에서 열린 대규모 반인종차별 콘서트 '벌떡 일어나 떠들자'를 주동했던 밴드다. 특히 그때 불렀던 '크리스탈나흐트'가 나오자 아줌마, 아저씨들은 달렸다. "그 밤, 크리스탈나흐트(나치가 유대인을 대규모 습격했던 날), 갸들에겐 외국인은 암댕이고, 동성애자는 범죄자였잖여…… 힘쎈 놈만 살고 돈이지 맘대로 하는 시상, 유전자로 너는 살고 너는 뒤져라 하는 시상, 그런 시상이 좋다냐? 그라문 허구한 날 크리스탈나흐트제." 점점 고조되는 드

첫사랑

한쪽 어깨가 다 젖는 동안 우산대를 잡은 손엔
클라우디아의 볼에서 번져온 온기가 스며들었다.

럼 소리에 마흔두 살 은행원 니코는 땀을 뻘뻘 흘리며 소리 질렀다. "그런 시상이 좋다냐 좋다냐!"

쉰 살 코니가 밴드 바프의 콘서트에 처음 간 건 열일곱 살 때였다. 당시 소녀들은 팔레스타인 해방기구 의장 야세르 아라파트가 매던 스카프를 우르르 따라 맸다. 뭔 큰 뜻을 품었던 건 아니고 그냥 유행이었단다. 바프의 노래로 코니는 그 시절 체크무늬 스카프 소녀가 됐다.

"자네는 마술쟁이여. 나한테 뭔 짓을 했당가." 이 노래가 나오자 머리가 한창 벗겨져 한 올이 아쉬운 마크가 헤드뱅잉을 했다. 열여섯 살 때 짝사랑했던 클라우디아를 만나는 중이다. 춤 동아리 친구 클라우디아, 끝내 말 한마디 제대로 못 붙여봤단다. 낼모레 쉰인데 아직도 클라우디아를 떠올리면 아련하게 아쉬워지는 까닭이다. 특히 이 노래를 들을 때마다 기억 속의 한 순간이 순식간에 해동되어 그를 덮친다. 동아리 활동이 끝나고 집으로 돌아가는 길, 비가 내렸다. 고맙게도 클라우디아는 우산이 없었다. 같이 우산을 쓰고 가는 내내 마크는 감히 클라우디아 쪽에 가까이 가지도 못했다. 한쪽 어깨가 다 젖는 동안 우산대를 잡은 손엔 클라우디아의 볼에서 번져온 온기가 스며들었다. 그 온기만으로도 갈비뼈가 뻐근했다.

그러고 보니 사라도 있었다. 열아홉 살 때 직장에서 만나 혼자 가슴 두근거렸던 여자였는데 어느 날 단둘이 영화 볼 기회가 생겼다. 마크는 상영 중인 모든 영화를 해부했다. 로맨틱 코미디를 볼까? 아냐, 너무 노골적이야. 액션을 볼까? 아냐, 너무 분위기 없어. 별별 변수를 깐깐하게 따지다 고른 게 코미디였는데, 악수였다. 그렇게 안 웃기는 것도 재주다 싶을 만큼 안 웃겼다. 사라는 미소 한번 날려주지 않았다. 쭈뼛쭈뼛 영화관 밖으로 나오니 햇살은 이 서먹한 관계를 만천하에 드러내고 말겠다는 듯 타올랐다.

코니와 마크에게 바프의 노래는 자기들의 입말로 듣는 '내 인생 사운드트랙', 매 순간을 영구 보존하는 통조림인 셈이다. 바프 외에도 장수 사투리 밴드 '블랙푀스', '브링스'도 돌솥 인기를 누린다. 마크에게 왜 사투리 록밴드가 좋냐고 물으니 분위기가 끝내준단다. 그 분위기에 젖어, 한때 독일에서 가장 섹시한 남자였던 예순세 살 밴드 리더 볼프강과 그의 열혈 팬들은 그날 하루 더 함께 늙어갔다.

왓 아유 '싱킹' 어바웃?

독일 한 영어 학원 광고. 해양경비대 신참의 첫 당직 날이다. 착해 보이는데 사고 칠 관상이다. 하필이면 그날 밤 영어로 급박한 메시지가 들어왔다. 그는 기어드는 목소리로 영어를 '지렀다'. "여기는…… 독일…… 해양…… 경비대……입니다." 듣고 떨어지면 좋으련만 말이 끝나기 무섭게 저쪽에서 달려든다. "위 아 싱킹We are sinking(우리는 침몰한다)." 뭐라는 걸까. 신참은 미궁에 빠졌다. 그때 한 단어가 의식의 지평선 너머로 살포시 떠올랐다. 아는 단어다! 침을 삼키고 의자를 바짝 마이크 쪽으로 끌어당겨 앉았다. "왓 아 유 '싱킹' 어바웃What are you 'thinking' about (무엇을 생각하나요)?" 독일인도 '번데기 발음의 저주'에서 자유롭지 않다. 독일어에도 혀를 무는 영어식 'th' 발음은 없다.

건축가인 사라는 똥줄이 탔다. 미국 회사를 상대로 한 프레젠테이션이 한 달 남았다. 영어 단기 연수를 끊고 플로리다 포트로더데일까지 하늘에 생돈 뿌려가며 날아왔는데 얽히는 건 다 독일인이었다. 포트로더데일 음식점에서 사라는 결연하게 선언했다. "이제부터 영어로만 말하자." '나는 독일인이다' 외에는 영어라면 무조건 아끼고 보는 사비나는 차마 싫단 말은 못하고 입에 사탕을 물었다. 목소리가 하도 커 말의 내용과 관계없이 경청하게 만드는 니콜은 호탕하게 좋다고 했다. 비~치beach (해변)와 비치bitch(나쁜 년)가 헷갈려 나쁜 년이 어디 있는지 묻고 다니는 니콜은 함부르크 중소기업에서 비서로 일하고 있는 여자다.

"나는 햄버거 먹는다." "너는 콜라 마시냐?" 사라의 영어 몰입 선언 즉시 대화는 이 수준으로 떨어졌다. 30분이나 흘렀을까. 서로 네가 먼저 이 속 터지는 상황을 깨주길 바라는 눈치인데 니콜이 그게 뭐지, 뭐지 하며 은근슬쩍 독일어를 끼워 넣었다. 사라와 사비나가 이 동아줄을 놓칠세라 우르르 달라붙었다.

두 여자를 해방시켜준 '화통 목청' 니콜은 3형식 이상 문장을 말하려들면 누군가 자기 뇌를 해킹해 핵심 문법을 빼 간다고 했다. 그런 그가 미국에서 친구를 갈퀴로 긁어모으고 있다. 소나기가 쏟아져 구멍가게에서 비를 긋는 사이에 거기서 마주친 60대한테 다음에 여행 오면 꼭 놀러 오라는 말과 함께 연락처를 얻어내는 식이다. "비에 홀딱 젖으셨네요. 하와이안 셔츠가 멋져요." 니콜이 파바로티 같은 풍채에서 우러난 귀청 뜯어내는 목소리로 말을 걸면 다들 뭐에 홀린 듯 주섬주섬 속을 꺼내놓았다. 상대가 영어로 속 얘기 좌판을 차리고 있으면 니콜은 가식적인 함박 미소를 날리며 독일어로 중얼거린다. "뭔 소리래." 대체 이 여자의 비결은 뭘까?

영어, 솔직히 내가 니콜보다는 낫다. 그런데 나는 영어를 할 때마다 바

그 여자의 힘

사실 니콜의 괴력은 별게 아니다.

요약하자면 '나는 니콜이야. 넌 누구니?' 그게 다다.

코드를 스캔당하는 기분이 든다. 영어가 계급, 교육 수준을 모두 포괄해 보여주는 내 최종 가격표 같다. 그 '저렴한 권장소비자가'가 드러날까 한 없이 작아진다. 특히 원어민들 앞에선 밑바닥이 보일세라 더 전전긍긍하게 된다. 사실 내가 그 사람들 말을 배워 소통하는 호의를 베푸는 중인데도 말이다.

관찰해본 결과, 사실 니콜의 괴력은 별게 아니다. 요약하자면 '나는 니콜이야. 넌 누구니?' 그게 다다. '난 네가 궁금해.' 그 순결한 질문 앞에서 너도나도 흔쾌히 자신을 까발리게 되는 거다. 그러려면 자신을 먼저 소개해야 하는데, 니콜은 자신이 한 치도 부끄럽지 않다. 취미로 배우는 영어 따위가 저질이라고 니콜이라는 한 인간을 쫄게 만들 수는 없는 것이다. 내게 영어는 오매불망 모셔야 할 '영어님'인데 니콜에게 영어는 자기가 선택해서 배워주는 외국어, 그 이상도 이하도 아니었다.

진격의 결혼 피로연

이 정도면 결혼 하객질도 중노동이다. 열두 시간째다. 피로연 장소는 나무로 세운 기둥들에 회벽을 바른 독일 옛 가옥. 7월 삼복더위를 다부지게 품고 있다가 해가 진 뒤에도 놔주지 않는 이런 예쁜 건물은 앞에서 사진만 찍고 눈요기할 일이다. 누가 내 입에 찹쌀과 대추라도 물릴 것만 같은 찜통 속, 신부 시몬느의 치렁치렁 웨딩드레스와 신랑 다니엘의 꼬리 턱시도는 동정마저 불러일으켰다. 에어컨은커녕 선풍기도 안 돌아가는 이 피로연장에서 하객 40여 명은 새벽닭이 올 때까지 춤을 춰대야 할 팔자다.

신부 등짝이 어느새 번들번들하다. 연습을 마친 태릉선수촌 레슬링 꿈나무 같다. 새 부부 몫인 첫 번째 춤을 추고 둘이 팥죽 땀 흘리며 앉은 사이, 신부 할아버지가 차라리 영원히 계속됐으면 좋겠다 싶은 시를 읊었다. 그동안은 멍 때리고 앉아 있으면 되니까. 안타깝게 할아버지도 곧 지쳤다. 다른 팀이 구원투수로 나섰다. 콩트다. 은행원인 신랑 신부의 결혼을 인수합병에 빗댄 연극인데, 뭔 소린지는 잘 모르겠지만 길어서 좋았다. 이 팀도 헉헉거리며 끝냈다. 이제 피할 도리가 없다. 엉덩이에 땀으로 들러붙은 바지를 떼어내며 일어나 덩실덩실 팔다리를 허우적거렸다. 그래 추자, 추자, 추다 쓰러져버리자.

밥값은 해야 할 것 아닌가. 맥주가 무한 리필이다. 디저트부터 생선 요리까지 땀에 말아 먹어 그렇지 꽤 맛있었다. 테이블마다 하객 이름과 조그만 선물이 리본을 늘어뜨린 초와 함께 장식되어 있었다.

하객들은 신랑 신부의 알짜배기 친구, 동료들이다. 부모님의 지인들은 두 주인공의 친구가 아닌 이상 초대받지 못했다. 이건 부모 인맥 자랑 대회가 아니라 둘의 결혼식이니까. 정예 하객들에겐 암팡지게 쏠 모양이다. 보통 이런 결혼식엔 1500만 원은 든단다. 그런데 내가 한 거라곤 다른 친구와 돈을 모아 산 공연 할인권과 캐나다 여행 책을 준 것뿐이다. 한 친구는 결혼식 전, 하객들에게 각자 자신 있는 레시피를 하나씩 받아 이 신혼부부만을 위한 요리책을 만들어주었다. 정성은 갸륵한데 그래도 내가 신부라면 추호의 망설임 없이 현금 5만 원을 선택할 것 같다. 그러니 이 죄책감은 오롯이 몸으로 때워야 한다. 추자, 추자, 추다 기절해버리자.

역시 여름엔 성당이 최고다. 웬만해선 에어컨을 볼 수 없다. 운 좋아 발견한 에어컨도 바람이라곤 요실금마냥 찔끔거린다. 높은 천장에 서늘한 성당은 선조들이 준 여름용 축복이다. 여기서 상쾌하게 열린 본식 때만 해도 수월하게 감동했더랬다. 개그 본능 있는 성당 신부님, 몇 마디 덕담하더니 구석에서 기타를 꺼내 노래를 시작했다. 긴 노래였다. 뚝심 있는 신부님이다. 절정은 신부 여동생 사라의 공연이었다. 사라는 다운증후군을 가지고 태어났다. "꼭 기억해요. 겨울에도 저 눈 아래 씨앗이 있다는 것을. 봄이 되면 태양의 사랑을 받아 장미로 피어난다는 것을." 사라가 한 손으로 피아노 건반을 꼭꼭 누르며 노래하자 내 옆자리에 앉은 코니는 눈물 둑이 터졌다.

그랬던 코니, 지금은 땀이 나이아가라다. 드레스를 허벅지까지 걷어 올리고 퍼져 앉아 연신 부채질이다. 피로연장에 들어오기 전, 하객들은 오늘의 주인공들에게 보내는 축하 메시지를 빨간 풍선에 달아 하늘로 날려 보냈는데, 아마 다 녹아버렸겠지?

새벽 1시쯤, 같이 온 친구 옆구리를 찔렀다. "이제 가도 되겠지?" "절대 안 돼. 신랑 신부가 실망한단 말이야." 그 순간만큼은 그토록 싫어했던 한국식 결혼식, 눈도장 찍고 식당으로 직행해 밥 먹으면 끝나던 그 LTE급 예식이 사무치게 그리워졌다.

내 기준에만 맞으면 그걸로 됐어

독일에서 만난 이란인 친구 쇼라는 산다람쥐다. 허파가 박지성급이다. 한번 따라갔다가 허파 꽈리가 호박처럼 부풀어 오르는 듯한 고통을 겪었다. 떴다 하면 2킬로미터는 가야 장딴지 쪽에 뭔가 좀 느낌이 오는 서른 두 살의 무서운 여자다.

그 실력은 다 어릴 때부터 훈련으로 다져졌다. 쇼라의 아버지는 사회주의자였다. 호메이니 혁명 뒤 벌어진 대대적인 숙청에서 용케 살아남았다. 삼촌은 망명길에 올랐다. 신을 믿지 않는 아버지는 몸을 낮췄다. 직장에서 이슬람 신심을 의심받아 승진에서 미끄러지기 일쑤였다. 주말이면 어린 딸 셋을 데리고 산으로 갔다. 꼬마들에겐 최소한의 물과 식량만 담은 보퉁이가 쥐어졌다. "저 모퉁이만 지나면 내려갈게." 그게 하루 종일이었다. 딸들이 징징거릴 때마다 아버지는 말했다. "우리가 언제 도망가야 할지 모르니 준비를 해둬야지." 쇼라의 아버지는 쇼라가 여자답지 않다고 혼낸 적이 없다. 질질 울며 떼쓸 때만 단칼에 잘랐다. "눈물 닦고 또박또박 이야기해.”

내가 쇼라를 우러러보게 된 건 연애 때문이다. 연애 경험으로 따지자면 내가 이슬람 원리주의자고 쇼라는 할리우드 스타다. 이런저런 연애로 그는 자기가 대충 어떤 모양의 인간인지 아는 것 같다. 마지막 이란인 남자친구랑 헤어진 까닭 가운데 하나는 춤이었단다. 파티에 간 쇼라가 어떤 남자랑 춤을 췄는데 남자친구가 성질을 부렸다. 춤추러 가지 말았으면 좋겠다는 그의 말에 쇼라는 끝내기로 결심했다. “내가 춤추고 싶을 때마다 혹시 남자친구가 싫어할지 모른다는 생각을 하고 싶지 않아. 내가 추고 싶으면 출 거야.”

나는 쇼라를 사부로 모시기로 결정했다. 남 눈치 보느라 하루 종일 마음 졸였던 날이었다. 한 방송국 스튜디오를 쓸 일이 있었는데 독일인 기술자가 도우미로 붙었다. 내가 그에게 도움을 받는 처지니 기분을 띄워줘야 한다는 강박에 줄 타고 공중제비라도 돌아야 할 것 같았다. 그 기술자의 취미가 작곡이라는 말이 떨어지기 무섭게 21세기 베토벤을 알현한 듯 호들갑을 떨었다. 돌아오는 반응은 이 여자 왜 이래였다. 내가 뭘 잘못했나? 좀 부족했나? 레벨을 올렸다. 다시 그를 내 머릿속 인간 카테고리로 재분류해 그런 타입에게 통할 만한 우스개를 나름대로 시도해봤지만, 소리 안 나는 방귀처럼 힘없이 공기만 더럽혔다. 피곤한 하루를 마치며 쇼라에게 그 독일인이 대체 어떤 사람인지 몰라 맞춰주기 힘들었다고 하소연했다. “참 인생 힘들게 사네. 일단 남 기준을 네가 알 수도 없고 그게 또 사람마다 다 다를 텐데 그 기준에 맞춰 살려면 얼마나 힘들어. 난

내가 내 기준에만 맞으면 그걸로 됐어."

　이란 사람이라곤 만나본 적 없고 이란에 대해 공부해본 적도 없는 나는 이란 여자라면 다 히잡 두르고 눈은 바닥에 깔고 다니는 줄 알았다. 무슬림 사회 여성은 모두 핍박당하는 희생양, 서구 사회가 안타까워해 마지않는 동정의 대상쯤으로만 생각했다. 열등감을 내면화해 수동적일 거라 내 마음대로 지레 짚었다. 단순 명쾌했던 나의 이란을 쇼라가 죄다 흔들어놓았다. 신 따위 믿지 않는다는 불온한 여자에게 나는 반해버린 것이다.

　페르시아어로 '조언자'라는 뜻의 이름을 가진 쇼라는 독일 땅에서 어른으로 자리 잡기 위해 투쟁했다. 사랑하는 이가 독일에 있었다. 미세먼지처럼 퍼진 이슬람 혐오 탓에 부당한 일을 당할 때마다 그는 갈매기 눈썹을 꿈틀거리며 "그건 공평하지 않아"라고 또박또박 말했다. 5년 뒤에 다시 만난 그는 독일 방송사 도이체벨레 기자가 돼 있었다. 딸을 낳고 살이 불어나 몸집이 1.5배 커졌지만 그는 말했다. "뱃살? 아이 돈 케어."

가족에게 왜 그걸 물어?

―――――

"그냥 놔두면 될 걸 왜 전기를 써." 우란다와가 헤어드라이어를 들고 선 알프레트에게 쏘아붙였다. "너무 오래 걸리잖아." 알프레트가 구시렁 댄다. 냉장고 청소 때문이다. 냉동실에 덕지덕지 붙은 얼음덩어리를 어떻게 뗄 것인가를 놓고 서른두 살 몽골 여자와 여든다섯 살 독일 남자 사이 신경전이 붙었다. 결과는 자명하다. 냉동실이 침을 질질 흘릴 때쯤, 알프레트가 걸음 보조기구를 끌며 슬그머니 다가와 이렇게 말하게 된다. "생각해보니 네 말이 맞아."

대학원생 우란다와는 땡전 한 푼 안 내고 알프레트 집에 산다. 5년째다. 2층은 통째로 우란다와의 공간이다. 계약 조건 없다. 가사도우미도, 간병인도 아니다. 집안일, 내키면 하고 말면 마는 거다. 일어나고플 때 일어나고 먹고 싶을 때 먹는다. 1층은 대충 알프레트가 치운다. 밥은 근처 식당에 대놓고 먹는다. 손바닥 정원에 물 주기도 할아버지 몫이다. 우란다와의 엄마와 동생이 시도 때도 없이 몽골에서 날아와 짐을 푸니 집

또 다른 가족

3년 뒤 알프레트는 여든여덟 살로 숨졌다.
우란다와는 그의 임종을 지켰다.

은 명의만 알프레트 거다. 우란다와와 엄마 그리고 알프레트는 찌뿌드드한 날이면 셋이 사우나에 간다. 관계가 희한하다.

둘의 동거는 이렇게 시작됐다. 우란다와는 입주 보모로 6년 전 독일에 왔다. 말 안 통하는 사람들과 한 집에 사는 게 추웠다. 맞벌이 부모가 돌아오면 가족들의 오붓한 분위기를 깰까봐 동네를 하염없이 맴돌았다. 그 집 아기 엄마의 삼촌이 알프레트다. 조카 집에 오는 날이면, 알프레트와 그때만 해도 살아 있던 그의 부인, 하물며 그 부부의 개까지 우란다와를 살갑게 대해줬다. 말 붙여주고 우란다와의 더듬거리는 독어를 끝까지 들어줬다. 입주 보모 계약이 끝난 뒤 친구 방에 얹혀 지내던 우란다와에게 그냥 공으로 들어와 살라고 먼저 말해준 것도 이 부부였다.

우란다와는 알프레트의 5년을 시시콜콜 안다. 그의 부인이 치매에 걸린 뒤 밤이면 온 집을 헤매고 다녔던 것, 그러다 층계에서 굴러떨어져 팔이 부러지는 바람에 알프레트가 밥을 떠먹여야 했던 것. 부인의 장례식에도, 개가 싸늘하게 잠들어버린 날에도 우란다와가 그의 곁에 있었다. 심장이 약한 알프레트가 쓰러져 병원에 입원했을 때 죽을 끓여 나르며 잔소리를 해댄 사람도 우란다와였다. 알프레트가 좋아하는 텔레비전 프로, 동네 퀴즈 모임 일정을 꿰고 있는 건 가뭄에 콩 나듯 오는 친딸이 아니라 우란다와다.

젊은 동양 여자와 늙은 유럽 남자가 함께 사니 사정 모르는 이들은 배배 꼬인 시선을 보낸다. 게다가 한 달에 연금이 300만 원씩 들어오는 이 남자, 여자에게 때때로 용돈도 쥐어준다. 배배 꼬인 눈초리엔 뻔한 스토리만 보인다. 남 일에 웬만하면 참견 않는 독일인 가운데에도 오지랖들은 있어서 어떤 이는 대놓고 우란다와에게 "너 태국에서 왔냐"라고 물었다. 이때 그 질문자 뇌 속의 태국 관련 검색어는 섹스 관광 정도 되겠다. 그러거나 말거나 우란다와는 여행길엔 그 지역 초콜릿 가게에서 남자친구 선물과 함께 알프레트 몫을 챙긴다.

우란다와는 아주 자주 다짐한다. 알프레트한테 잘해야지. 그러다가 또 복장 터지고 후회한다. 알프레트가 "컴퓨터 좀 그만해라" 하면 "아, 필요하니까 하지!" 팩 쏘아붙이게 된다.

2층 방은 컴컴하기 일쑤이다. 우란다와는 연애로 바쁘다. 땍땍거리고 집에 안 들어오는 날이 태반인 우란다와랑 사는 게 뭐가 좋냐고 하니까 알프레트가 그런다. "우르나(우란다와의 애칭)는 가족인데."

3년 뒤 알프레트는 여든여덟 살로 숨졌다. 알프레트는 다음 생엔 몽골에서 태어나고 싶다고 했다. 우란다와는 그의 임종을 지켰다.

거리 화가 얀 로의 마지막 나날

"그림 한번 그리실라우? 술 한 잔 값이야." 독일 본의 한 술집, 어깨 늘어진 체크무늬 재킷 차림 백발노인이 물었다. 한 사람이면 6유로인데 셋이면 15유로로 깎아준단다. 1, 2유로에 바들거리는 나야 어색한 미소로 때우고 넘어가려는데 같이 온 클라우디아가 냉큼 그러겠단다. 옆에 앉은 남자와 한창 연애 중이라 세상이 운명적 의미로 가득 차 보이는 위기의 여자다. 낡은 가죽 가방에서 종이와 연필을 꺼낸 할아버지, 고개를 이리저리 돌려라 몇 번 지시하더니 5분 만에 끝이란다.

결과물을 보며 다행이다 했다. '클라우디아가 돈 내기로 했지.' 아니었다면 밤새 속이 복작거렸을 뻔했다. 연필 끝을 세워 동그란 점으로 눈을 찍고 팔은 ㄴ자로 꺾어 그렸다. 극단적 동양인인 나와 큰 코에 푸른 눈동자인 클라우디아가 그림 속에선 머리 길이 말고는 똑같이 생겼다. 클라우디아와 남자친구도 똑같이 생겼다. 연인이라니 둘 사이엔 하트를 그려 넣었다. 파격이 있겠거니 하는 고정관념을 깨는, 파격이라면 파격이겠다. 미술 문외한인 내겐 여덟 살짜리 조카의 낙서 같았다. 사랑의 호르몬에 일시적 환각 상태에 빠진 클라우디아는 연애 인증서라도 되는 양 그림을 조심스레 받았다. "저 사람이 '한번 그리실라우맨'이야. 여기서 모르는 사람이 없지."

'한번 그리실라우맨'이라 불리는 이 노인의 본명은 얀 로, 그가 밤마다 본 시내에 출몰하기 시작한 것은 1997년께부터다. 저녁 8시가 되면 검은 자전거를 타고 나타나 새벽 1, 2시까지 술집과 카페를 돌며 아무나에게 물었다. "한번 그리실라우?" 까닭은 이랬다. "즐겁잖아. 돈도 벌고. 그림 그리면 세상을 훨씬 더 강렬하게 이해하게 돼. 사람 얼굴이 세상에서 제일 흥미로운 평면이지. 웃을 때 입꼬리가 어떻게 올라가나, 눈을 어떻게 찡긋하나……. 매 순간 한 얼굴에서 에너지가 바뀌거든. 한 사람 한 사람 다 달라. 그림 그리면서 사람을 배우는 거지."

얀은 어릴 때부터 그림을 좋아했지만 따로 배운 적은 없다. 열세 살이 됐을 때 2차 세계대전이 끝났는데 대체 왜 세상이 이 모양인지 궁금해 정치와 심리학 공부를 했다. 30년간 공무원으로 해외 협력 업무를 맡다가 퇴직한 뒤 실험 삼아 "한번 그리실라우"를 시작했는데 재미를 붙였다.

혼자 사는 얀의 집엔 텔레비전, 라디오, 인터넷이 없다. 그는 새벽 2시쯤 집에 들어간다. 늦잠 자고 일어나 천천히 아침 겸 점심을 차린다. 두세 시간 동안 신문을 읽고 빨래를 한 뒤 저녁이 되면 함께 늙어가는 자전거에 올라탄다. 주말에도 쉬는 법이 없다. "거절당할 때가 대부분이지. 예전엔 술집이 장사가 잘돼서 새벽 3시까지 그리기도 했는데……. 그래도

거리 화가 얀 로

얀은 생각이 깊고 가엾고 외로운 상처 입은 사람, 까칠하지만
공감하는 사람이었어요. 바로 그 때문에 우리는 그를 사랑했어요.

괜찮아. 유행에 길들여져 자기가 추하다고 여기는 사람들이 자기 그려준다면 안 좋아하는 거지. 존재는 예쁜데 취향이 구질구질하지."

단골도 있다. 페터는 얀에게 열 번째 그림을 맡기고 그에게 헌정하는 홈페이지도 만들었다. 얀의 고객들이 올린 그의 그림 100여 점을 전시한 공간이다. 페터, 나, 클라우디아, 그의 남자친구까지 안경 쓰고 벗고 말고 남녀 불문 인물 호혜평등이다. 똑같아 보인다고 하자 얀은 "말도 안 되는 소리"라며 자신은 "영혼의 심장을 단숨에 포착해 그린다"라고 했다.

사실, 애초에 중요한 것은 그림이기보다 얀의 존재 자체인지 모른다. 클라우디아가 그림을 돌돌 말아 가방에 넣으며 말했다. "'한번 그리실라우맨'이 안 보이면 이 도시에서 뭔가 빠진 것 같을 거야."

2년 뒤 여든여섯 살이 된 얀 로는 본 시내에 더 이상 나타나지 않았다. 그가 일주일째 보이지 않자 본의 술집과 카페들이 수소문에 나섰다. 지역신문인 〈게네랄 안짜이거〉도 취재에 들어갔다. 얀은 충계에서 구른 뒤 다시 깨어나지 못하고 숨졌다. 피붙이가 없는 그에게 가족은 지역 주민들과 그가 그려준 사람들이었다. 그들이 돈을 모아 얀의 장례를 치르고 장지도 마련했다.

〈게네랄 안짜이거〉는 '내가 만난 '한번 그리실라우맨' 특집 부음 기사를 실었다. 시몬 바치는 이렇게 기억했다. "15년 전 그를 처음 만났을 때는 좀 짜증이 났어요. 열두 시간 근무를 마치고 맥주 한 잔 하려는데 그림 그리자고 하니까. 솔직히 그림도 별로 마음에 들지 않았어요. 그를 자꾸 만나다 보니 알게 됐죠. 얀은 생각이 깊고 가없고 외로운 상처 입은 사람, 까칠하지만 공감하는 사람이었어요. 바로 그 때문에 본 사람들은 그를 사랑했어요. 라인강을 바라보던 얀의 쓸쓸한 시선을 잊지 못할 거예요."

5월의 마이바움

열여덟 살 토마스는 사랑에 빠졌다. 동네방네 다 아는 사실이다. 그의 페이스북은 "나의 여신, 석양은 네 미모를 빛내는 배경 화면" 따위 남사스러운 말들로 도배됐다. 그리고 4월 30일, 1년 4개월째 진행 중인 그 사랑을 증명할 날이다. 5월 1일 아침까지 장식한 자작나무 '마이바움'을 여자친구 집 앞에 몰래 세우는 게 드문드문 남은 이곳 라인란트의 풍습이다.

하트 모양 판에 이름을 그려 넣고 가지마다 리본으로 꾸민다. 나무통은 지름 15센티미터 정도로 가늘어도 길이가 4미터 이상이라 장정 둘이 필요하다. 가랑비가 부슬거리는 날, 토마스는 운전을 맡은 이웃 베른트와 시내에서 10킬로미터 떨어진 코튼산 마이바움 장터로 향했다.

자동차 와이퍼가 무력하게 빗방울을 밀어냈다. 토마스는 친구와 작전 짜기에 한창이다. "네 여자친구 집 근처에 우리 나무를 숨겨둘 거잖아. 그런데 걔가 그걸 발견하면 내 여친한테 다 까바칠 거란 말이야. 내가 나무를 숨기는 동안 네 여친을 꾀어내 시간을 보내라고." 통화 중인 청춘은 진지한데 오십 줄 운전사 베른트는 실실거린다.

동산 중턱 비포장도로에 50여 대가 벌써 빼도 박도 못하게 줄 서 있다. 토마스는 차에서 내려 숲속에 있는 판매 장소로 걸어 들어갔다. 진흙이 들러붙어 걸을 때마다 다리가 묵직해졌다. 토마스가 거기서 거기인 나무를 30분 넘게 재고 따지다 4미터짜리를 고르자 주인이 그 자리에서 잘라 준다. 15유로다. 토마스야 마이바움을 차에 실었지만 여의치 않은 청춘들은 나무를 어깨에 지고 빗속을 걸어 산을 내려갔다.

한스는 53년 전에 3층 높이 자작나무를 직접 벴다. 아버지랑 앞뒤로 잡고 자전거 두 대로 운반해 같은 동네 사는 크리스텔 집 앞에 밤새 세웠다. 둘은 이후 애를 둘 낳고 손주 넷을 봤다. 53년 뒤 5월의 어느 날 이 부부는 정원에 나란히 앉아 볕을 쬈다. 잠들까 말까 노곤한 찰나 초인종이 울렸다. 한스가 엉거주춤 일어났다. 세월은 그에게 임산부 같은 배를 남겼다. 크리스텔은 눈을 감은 채 다그쳤다. "아 거참, 빨리빨리 좀 움직여요. 늙은이처럼 굼뜨게." 한스는 들리지 않을 만큼만 구시렁거렸다. 그 옛날 마이바움을 받은 크리스텔은 한스에게 감격의 키스를 했다지.

카리나는 열다섯 살 때 첫 마이바움을 받았다. 남자친구가 전날 집 앞에 텐트를 쳤다. 그 시골 동네에선 다른 경쟁자가 와 슬쩍 나무를 치워버리는 탓에 망보기가 일쑤였단다. 마이바움을 셋씩 받아 골라잡았던 동네 친구도 있었지만 카리나는 그 단 하나의 마이바움이면 족했다. 그때 그 정성이던 남자친구와는 1년도 안 돼 기억도 가물가물한 이유로 헤어

한스와 크리스텔의 마이바움

둘은 이후 애를 둘 낳고 손주 넷을 봤다.
53년 뒤 5월의 어느 날 이 부부는 정원에 나란히 앉아 볕을 쬈다.

겼다.

클라우디아는 첫 마이바움에 심드렁했다. 마음에 안 드는 친구였는데 클라우디아 동생까지 구워삶더니 둘이 꾸역꾸역 마이바움을 세웠단다. 열일곱 살이던 클라우디아가 딱 잘라 거절하자 그 청년의 눈자위가 붉어졌더랬다. 안쓰러워 나무를 한 달간 세워주는 걸로 달랬다. 두 번째 마이바움은 10년 같이 산 남편에게 받았다. 그리고 둘은 갈라섰다.

한 달쯤 세워둔 마이바움은 버려진 서낭당 같다. 밤에 보면 섬뜩하다. 자다가 코골이로 귀청 뜯어내는 남편 보고 놀라는 느낌과 비슷하다. 이 나무가 그때 그 나무인가, 이 남자가 그때 그 남자인가. 그래도 매년 4월 30일이 되면 달뜬 청년들은 나무 짐을 질 것이다. 마이바움이야 결국엔 쓰레기통행이겠지만, 5월의 기억은 남으니까.

마이애미의 붉은 달

    나는 40여 평 이스마엘의 집을, 그것도 바닥 아래 땅굴을 기어 다니고 있었다. 미국 마이애미다. 한 사람이 겨우 지날 수 있는 터널이다. 집 기둥들이 뼈처럼 드러나 있다. 그 사이에서 이스마엘이 들고 있는 손전등을 따라 헤매는 중이다. 땀에 절어 옷이 각다귀가 됐다. 순식간에 지나가는 정체 모를 벌레에 기겁하며 생각했다. 대체 뭘 하는 걸까.

    독일인 베른트가 마이애미 지하철 타는 법을 모르는 데서 이 이상한 탐사가 시작됐다. 전날, 나를 떼놓고 혼자 나간다는 황홀감에 사로잡힌 그는 지하철 표도 끊지 못하는 상태로 퇴행했다. 그때 금발의 40대 중후반, 청바지에 검은 조끼를 입은 미녀가 그를 도와줬다. 둘은 지하철에서 말을 텄는데, 그 여자 이야기가 기상천외했다. 자기가 콜롬비아 미의 여왕이었으며, 딸은 어마어마한 가수란다. 지하철은 차가 고장이 나서 탄 거고 실은 부와 명예에 신물이 나 마이애미에 정착해 소설을 쓴다고 했단다. 그 여자는 진짜 특별한 걸 보여주겠다고 했다. 베른트는 '네가 콜

사제 이스마엘

이스마엘은 신념의 남자다.
열두 살 때부터 자기 집 땅을 파기 시작했다.

꿈보다 더 꿈 같은
그의 집을 나와 몽롱한 채 지하철을 타니 불그스름 큰 달이 떴다.
어쩌면 이스마엘의 마당에서 영혼과 자연이 만나는 축제가 진짜 벌어졌을지도 모르겠다.

롬비아 미의 여왕이면 나는 요기 뢰프(독일 축구대표팀 감독)다' 하면서도
미녀를 개처럼 따라갔다.

그 미녀가 보여준 곳이 바로 이스마엘의 집이다. 마천루 사이에 곰보
자국처럼 파인 집이다. 나무로 지은 집 벽면에는 고래 그림이 헤엄치고
있다. 그 집 마당은 한 뼘도 남김없이 모조리 파헤쳐져 있다. 움푹 파인
곳엔 인형들이 빙 둘러앉아 있다. 정신이 쏙 빠진 베른트에게 미녀는 저
녁을 같이 먹자 했다. 이게 무슨 수작인가, 이러다가 간을 빼 가겠다 싶
어 그는 속이 안 좋다 둘러대고 숙소로 돌아왔다.

다음 날, 베른트의 호들갑에 나까지 얽혀 들었다. 이 괴상한 집에 사
는 이스마엘은 신념의 남자다. 열두 살 때부터 자기 집 마당을 파기 시작
했다고 한다. 그는 이곳이 자기 조상인 원주민들의 성스러운 장소였다고
믿었다. 신비로운 물이 흘렀던 이 터에서 자연과 영혼이 접합을 이루는
제사를 지냈단다. 한 치의 의심도 없는 이스마엘은 그 증거를 모으고 있
다. 그것도 50년째. 주변 땅값은 고층 빌딩만큼 올랐다. 팔라는 압력이
짓눌렀다. 형제들은 다 등을 돌렸다. "미친 이스마엘." 이스마엘은 헛간
같은 이 집에서 땅을 파고 남는 시간에 그림을 그렸다. 그림 속 눈으로
덮인 화산 위엔 붉은 별과 노란 해가 떴고 혜성이 날았다. 주홍색 나무들
사이로 푸른 물이 뚝뚝 떨어졌다. 이 땅이 자기를 그림 그리게 했단다.

그는 증거를 보여주겠다며 집 바닥에 난 사각형 문을 열었다. 따라가
기 싫었는데 대놓고 의심하는 것 같아 기어 들어갔다. "이게 그 나무야."
땅과 집 바닥 사이 공간에 잘린 나무 등걸이 있었다. 두 사람이 손을 잡

으면 껴안을 수 있을 만한 굵기인데 한쪽이 그을렸다. "바로 여기서 성스러운 의식이 열렸던 거지." 그는 이런저런 돌 자국을 가리키며 "이건 공룡 얼굴", "이건 아이 시신"이라고 했다. 황당하다가, 보다 보니 그런 것 같기도 했다. 아무도 안 믿더라도 이스마엘에게 이 땅의 굴곡은 그대로 역사의 정밀화였다. 그는 이를 보존해 박물관으로 만들어줄 재력가를 기다린다. 신성한 땅을 끝까지 지킬 거란다. 고층 빌딩을 세워 더럽혀선 안 된다고 그는 생각한다.

이스마엘은 미친 걸까? 그의 집을 나와 몽롱한 채 지하철을 타니 불그스름 큰 달이 떴다. 숙소로 돌아온 베른트가 애초에 이스마엘의 집을 소개해준 그 콜롬비아 미녀의 이름을 검색해봤다. 심심해서 한번 해본 거였다. 그런데. "앗! 저녁 같이 먹을 걸." 미녀의 이름은 마르셀라 우르타도. 1983년도 미스 보고타(콜롬비아의 수도)이고 그의 딸은 정말 콜롬비아에서 잘나가는 가수 신디 러시였다. 어쩌면 이스마엘의 마당에서 영혼과 자연이 만나는 축제가 진짜 벌어졌을지도 모르겠다.

치열하지만
우아하게

알바생은 어디서나 호구

통장 잔고에 심폐소생술이 시급했다. 아르바이트를 구하려니 내 존재 전체가 방해물 같다. 나이는 불혹에 가까운데 독일어만 선택적으로 못 듣는 청각을 지녔다. 미녀도 아니고 넉살도 없는데 누가 취직시켜줄까.

그때 한 광고를 발견하고 운명의 종소리를 들었다. '문방구 재고 정리. 딱 하루. 시간당 8유로. 아무 조건 없음.' 바코드로 물건 찍으며 숫자만 세면 된다. 그래도 문 열고 들어갈 자신이 없어 독일어 잘하는 이란 친구를 꿨다. 그 친구가 일단 모든 말을 하고 나는 뒤에서 고개만 끄덕이는 걸로 합의 봤다.

불안하도록 순조로웠다. 주인아줌마가 이란 친구랑 이야기하다 가끔 내 쪽을 쳐다보면 나는 과장된 몸짓으로 동의한다는 표시를 했다. 아주머니가 곧 황홀한 서류를 건넸다. 거기 이름과 전화번호를 적고 한 번 더 보자고 한다.

여덟 시간 일하면 금쪽같은 64유로다. 동네방네 자랑했다. 소득의 환

희를 너무 빨리 느껴버렸나. 어느 날, 전화가 왔는데 받자마자 독일어 폭격을 해댄다. 내 이름 아는 걸 보니 아는 사람인데 뭐 하자는 걸까? 며칠 전 공짜 레스토랑 쿠폰 얻어보겠다고 참여한 어느 교회 행사가 생각났다. 당첨된 거야? "교회라고요? 교회?" 아니다. 문방구다. 다 틀렸다. 내 가열찬 동의의 고갯짓이 모두 할리우드 액션이란 걸 말이다. 결국 그 아주머니는 이란 친구만 고용했다. 친구는 독일어 하나도 필요 없었다면서 너를 왜 잘랐는지 모르겠다고 했다. 이상하게 눈물이 찔끔 났다.

파키스탄 친구가 그따위 문방구는 잊어버리라며 한 인력 소개소를 알려줬다. 레스토랑 등에서 일할 사람을 수시로 파견하는 업체였다. 큰 파티 있을 때만 일하면 되는데 팁도 좋고 시간당 10유로다. 사장은 친절했다. 일하기 위해 준비해야 할 서류 리스트를 안겨줬다. 독일인들은 무슨 일이든 서류를 산처럼 쌓는 걸 좋아한다. 범죄를 저지른 적 없다는 증명서, 사회보장번호, 건강관리국에서 증명서를 받아 오란다.

약식이라도 검진 같은 과정이 있을 줄 알았다. 오전 8시 30분, 본 시내 건강관리국 사무실 앞엔 15명이 게슴츠레 졸린 눈을 하고 앉아 차례를 기다리고 있었다. 한 명씩 들어가 설문지 한 장을 받아 나왔다. '열난 적 있나요? 고질병 있나요?' 이런 질문에 스스로 예, 아니오로 체크하는 거다. '네, 저는 최근 고열과 설사에 시달렸다'고 여기서 자백할 사람이 단 한 명이라도 있을지 정말 묻고 싶었다. 그걸 적고 나니 돈을 내란다. 25유로다. 이어 모두 캄캄한 방으로 보내더니 비디오를 튼다. 15분짜린데 내용은 손 잘 씻으라는 거다. 이 비디오에서 살균 광선이라도 나와 시

청한 다음엔 감염이 없다는 게 증명되는 걸까? 내 옆에 앉은 한 청년은 자기 인생에서 가장 비싸고 가장 재미없는 비디오였다고 투덜거렸다. 그렇게 증명서를 받았다.

서류마다 돈이다. 그것도 한 번에 1만 원도 훌쩍 넘는다. 버는 돈보다 이렇게 날리는 돈이 더 많을까 걱정이 몰려오기 시작했다. 그래도 여기서 멈출 수는 없다. 레스토랑에 일 나가게 되는 그날이 오면 꼭 그 문방구에 들를 거다. 문방구 아줌마가 땅을 치며 나 같은 인재를 놓친 걸 후회하게 해줘야지. 후회하게 해줘야 할 텐데.

아웃소싱이 아웃소싱을 낳고 아웃소싱을 낳으니

"내일 당장 떠나야 해. 할래 말래?" 파키스탄인 친구 임란이 다짜고짜 물었다. 일주일 동안 스위스 한 도시에서 컴퓨터 엔지니어 행세를 하자고 했다. 나, 컴퓨터랑 평생 '밀당'하는 사이다. 아무 짓도 안 했는데 컴퓨터 혼자 난데없이 토라져 창을 닫기 일쑤이다. 내가 할 수 있는 일이라곤 잠시 그가 흥분을 가라앉히도록 전원을 꺼주는 것뿐이다. "괜찮아. 내가 다 알려줄게." 뭘 알려준다는 걸까? 임란도 나와 도긴개긴이다.

돈이 무섭다. 아침 8시부터 오후 5시까지 일하면 일당 15만 원이란다. 일에 대해 자세히 알면 뭐 하겠나. 괴로워질 뿐이다. 그냥 가방 쌌다. 그렇게 파키스탄, 방글라데시 친구들과 나, 넷으로 이뤄진 오합지졸 국제 사기단이 급조됐다. 내가 믿을 것이라곤 가방 안 컵라면뿐이다. 적어도 서러운 일 생기면 속 풀 국물은 있다.

스위스 회사 건물은 으리으리했다. 이 회사, 최근 모든 컴퓨터에 새 프로그램을 깔았다. 프로그램을 판 쪽에선 대어를 문 셈이니 고객의 귀라

오후의 축복
일을 마친 뒤, 우리는 회사 근처 호숫가에 앉아 네 마리 닭처럼 하루의 마지막 햇살을 쪼개 가졌다.

도 파줄 태세다. 그러자니 진짜 문제를 해결하는 엔지니어 외에 이 회사 고객들의 사소한 불편에도 현장에서 바로 응대할 손발이 필요한데 그 일을 아웃소싱 준 거다. 아웃소싱이 아웃소싱을 낳고 아웃소싱이 아웃소싱을 낳으니 그 마지막 떡을 쥔 자가 파키스탄인 무함마드다. 무함마드가 누군지 임란도 모른다. 중요한 건 그가 소셜네트워크서비스 '링크드인'에 올린 임란의 프로필을 보고 일을 제안했다는 점이다.

이 아웃소싱, 새끼를 너무 쳤다. 첫날 스위스 회사 프런트 데스크 앞에서 자기가 우겨 우리 리더 된 임란의 지푸라기 권위는 모두 떠내려갔다. 임란은 만날 사람 이름 플로리안만 알고 성을 몰랐다. 아웃소싱의 긴 족보를 거치는 동안 플로리안의 성이 증발해버린 것이다. 프런트 데스크 앞에서 우리 넷은 플로리안만 읊조렸는데 그 집단 주문이 효력이 있었는지 진짜 플로리안이 나타났다. 한 사무실에서 멀뚱멀뚱 다른 담당자를 기다리는 사이 유리문 밖으로 회사원들이 지나가자 임란은 송아지 같은 눈을 껌벅이며 속삭였다. "이야, 저 사람들 진짜 엔지니어 같다."

사실 우리가 엔지니어일 필요는 없었다. 초록색 조끼를 입고 회사 복도를 어슬렁거리는 게 일이었다. 사운드 디폴트 따위의 간단한 문제는 해결하고 어려운 건 컨트롤 센터에 상주하는 진짜 기술자들에게 보내면 됐다. 첫날은 컴퓨터 까막눈을 들킬까 누가 부르기만 해도 경기할 지경이었다. 한 이틀 지나니 배짱이 생겼다. 영문 모를 질문을 해대면 심각한 표정으로 싱크로나이징이 어쩌니 내 입에서 나왔다고 믿을 수 없는 가증스러운 단어를 던진 뒤 문제가 심각하다며 컨트롤 센터로 보냈다.

가끔 하릴없이 돌아다니다 정식 직원들을 보면 처량해지기도 했다. 나야 일주일살이니까. "우리 스위스인은 항상 생각하고 행동하지." 말끝마다 '우리 스위스'를 붙여대며 은근히 우리를 깔보는 플로리안에게 속 시원한 대거리 한번 못 한 게 변비가 됐다.

그래도 우리에겐 해 질 녘이 있었다. 일을 마친 뒤, 우리는 회사 근처 호숫가에 앉아 네 마리 닭처럼 하루의 마지막 햇살을 쪼개 가졌다. 자기 발 앞으로 백조가 지나가자 덩치만 큰 어린이 임란은 빨리 사진을 찍으라며 호들갑을 떨었다. 몇 시간 전만 해도 플로리안에게 복수하고 말겠다고 침을 튀기더니 백조 보고 다 까먹었다. 적어도 이런 오후의 축복은 국제 사기단에게도 아낌이 없었다.

넌 이미 잔인한 복수를 했어

독일 프랑크푸르트 공항에서 그와 눈이 마주쳤다. 강렬한 첫 눈길을 주고받았을 때 예감했다. 스쳐 지나갈 수도 있었다. 입국심사장 직전이었다. 시선이 집요했다. 그는 결국 나를 불러 세웠다. "가방 다 열어보세요." 그는 사건 현장에 출동한 형사처럼 증거 하나라도 더 잡겠다는 듯 비닐장갑을 꼈다.

그날은 시작부터 기분이 더러웠다. 출발지인 터키 이스탄불 공항에서부터였다. 임란이 부추겨 듣도 보도 못한 세미나에 다녀오는 길이었다. 독일로 돌아오는 항공편 짐을 부치려는데 공항 직원이 다가와 여권 내놓으란다. 내 앞에 선 일행, 스페인 친구한테는 아무런 요구가 없다. 똥 씹은 표정으로 여권을 주니 여기저기 한참을 훑어보고 돌려준다. 아무렇지 않은 척 미소 짓고 있는데 스페인 친구가 상처에 소금을 뿌린다. "네가 유럽연합 사람이 아니라서 그런가봐." 심사가 뒤틀렸다. 하여간 외모, 국적 따위에 따른 온갖 편견을 직감이라 우기며 의심해도 속 시원히 대거리도 못 하는 어처구니없는 동네가 내겐 공항이다.

"왜 다른 사람은 다 보내면서 나만 잡아요? 내가 수상해 보여요?" 분노라는 건 소화가 안 되는 물질인가보다. 잊은 줄 알았던 오전의 불쾌가 위장에 남아 있다 프랑크푸르트 단속 청년을 만나 급속 발효, 나는 입으로 거품을 뿜어내고 있었다. 청년은 가차 없이 답했다. "그럴지도." 사람들 다 보는 앞에서 내 가방을 열어 좌판을 벌이겠다는 거다.

"이걸 꼭 열어야겠어요?" 가만히 있을걸. 애원과 협박이 반반 섞인 말을 날려 청년의 검색 의욕을 북돋웠던 까닭은 '빤쓰' 때문이다. 그래, 이 청국장 같은 속옷에는 팬티라는 말이 어울리지 않는다. 일주일 동안 한 번도 빨지 않아 화석이 되어가는 헌 '빤쓰'들이 여행 가방 맨 위에 마구 널브러져 있다는 걸 가방 싼 나는 알고 있었다. 가방을 여는 순간 스프링처럼 튕겨 나올지도 모를 일이었다.

우리 둘은 시선을 피했다. 그도 아마 내 경고를 듣지 않은 걸 후회했을 것이다. 비닐장갑에 감사했을지도 모르겠다. 이리저리 들추더니 5분도 안 돼 다시 뚜껑을 덮었다. 무덤덤하게 보이려 했는데 내 피부는 내부 고발자, 활활 타오르고 있었다. 안녕이라는 말도 없이 잽싸게 공항을 빠져나왔다. 눈물이 줄줄 났다. '왜 다른 독일인들 다 두고 나만…… 이건 인종차별이야.' 분했다.

마중 나온 친구 생각은 달랐다. 독일인인 그의 논리는 이랬다. 첫째, 검색 청년의 직업은 특이한 요소를 잡아내 위험 여부를 확인하는 것이다. 둘째, 그 비행기 승객 대부분이 독일인 여행객이었다. 셋째, 한국인

비상구

내가 믿을 거라곤 가방 안 컵라면뿐이었다.
적어도 서러운 일이 생기면 속 풀 국물은 있다.

인데 이스탄불에서 지내다 독일로 오는 네 경로는 당시 다른 탑승객들에 비해 '비일상적'으로 보일 가능성이 높았다. 그러니 청년은 자기 일을 한 것뿐, 인종차별이라 보긴 어렵다.

"네가 독일인이니까 그렇게 쉽게 말하는 거지. 그렇게 가방 뒤져 테러리스트 잡은 적 있대?" 그러면서도 헷갈리기 시작했다. 그의 말도 일리가 있었다. 이 상황에 인종차별이란 틀을 갖다 댄 것은 내 안의 자격지심 때문이 아니었을까? 내 인종에 대해 자격지심을 가지고 있다면 나야말로 인종차별주의자가 아닐까?

친구의 다음 말을 듣고 나니, 사실 가해자는 나일지도 모른다는 생각마저 들었다. "너는 이미 그에게 잔인한 복수를 했어. 그 친구, 네 더러운 속옷을 봐야 했잖아."

정신줄은 놓아야 맛!

카니발에서 피해야 할 것은 직장 상사다. 독일 쾰른, 비정상이 정상이 되는 2월이 왔다. 1000명 넘게 들어가는 동네 대강당에선 카니발 공식 행사가 열린다. 이곳에서 비닐같이 얇은 하얀 타이츠를 입고 엉덩이에 분홍색 깃털을 단, 한 마리 홍학 같은 배불뚝이 중년 남자쯤은 예사다.

몇 십만 원은 족히 드는 이런 지역 행사에서 맨 앞줄은 지역 유지 차지다. 은행 지점장도 그중 하나. 수하 은행원들을 몰고 와 지역 인사들과 눈도장을 찍는다. 미쳐야 제 맛인 이 시간에 정장에 넥타이까지 매고 앉은 직원들은 그야말로 미칠 노릇이다.

은행원 베른트는 해마다 이 기간에 맞춰 휴가를 갔는데, 올해엔 딱 걸려서 끌려왔다. 그의 동행인인 나까지 덩달아 검은 정장을 빼입었다. 베른트는 그래도 카니발이니 재미없는 인간으로 보이면 안 된다며 나보고 목에 거대한 빨간 리본을 매란다. 웃기지도 진지하지도 않게 입사 면접 온 미키마우스 차림이 됐다.

카니발의 맛
가끔은 자신과 타인의 시선이 간수 노릇을 하는 감옥에서 탈출하는 맛이라도 있어야, 숨을 쉴 것 아닌가.

공식 행사엔 우선 카니발의 왕과 왕비가 등장한다. 그냥 동네 주민인데 이 기간에만 왕인 척 한다. 드레스네, 가발이네 자기 돈 뿌려가며 공식 행사 여기저기 끌려다니는 걸 왜 하려 드는지 모르겠다. 하여간 왕과 왕비가 동네 이름을 선창하면 다들 일어나 "알라프, 알라프!" 하고 외친다. 이어 치어리더들을 한바탕 공중에 던진다. 그 다음은 카니발 왕과 진짜 시장이 누가 이 동네 실세인지 실랑이를 벌인다. 매년 똑같다. 시장이 져준다.

내 맞은편 지점장 부인 얼굴을 보니 곧 부부 싸움을 할 것 같다. 지점장쯤 되면 이런 모임에 부부 동반으로 한 달에 스무 곳은 끌려다닌다고 하니 부인이 퉁퉁 부은 게 이해된다. 사투리 밴드들이 나오자 은행원들도 광란 관객들과 함께 일어나 몸을 좌우로 흔드는데 표정은 고등학교 수리영역 시간 같다. 더워서 재킷을 벗으려는데 베른트가 눈치를 준다. 벗으면 예의 없어 보인단다. 뒤쪽에선 홍학맨이 깃털 다 뽑히도록 방방 뛰는데 나는 재킷도 못 벗고 시집살이가 따로 없다.

그래도 그날 베른트의 기분은 그리 꽝은 아니었다. 알든 모르든 옆 사람 팔짱 끼고 지역 찬가를 부르기 일쑤인데 화장실 가는 길에 엉겁결에 시장 팔짱을 끼게 된 거다. 그는 싫어하는 동료 프란츠가 시샘할 거라며 은근히 즐겼다.

역시 꼬리 자리가 제맛이었다. 두 번째 행사 때는 동네 친구들끼리 싼값에 맨 끝줄을 차지했다. 옆엔 도저히 정체를 알 수 없는 얼룩말이 앉아 있었다. 헐크 같은 남자는 웨딩드레스를 입었다. 보는 맛이 아슬아슬하다. 팔뚝에 힘만 줘도 옷이 터질 것 같았다. 나도 광대 옷을 입고 얼굴 전체를 뵈는 데 없이 색색으로 칠해버렸더니 뵈는 게 없어졌다. 술이 술술 들어간다.

최고점은 '막가스'라는 밴드가 찍었다. 한국말로 더 느낌이 오는 이름을 단 동네 밴드다. 생존하는 가장 섹시한 남자라는 베이스 주자는 빨간 핫팬츠 차림이었다. 기타리스트는 스카이콩콩 같은 걸 타고 무대에 등장했다. 밴드가 '치키치키 차카차카' 하면 관객은 알아서 '호이호이호이'라고 답해야 한다. 이유는 없다. 여자 관객하고 남자 관객하고 누구 목소리가 더 큰가 함성 내기도 벌인다. 초등학교 이후 이런 내기는 처음이다. 퇴행을 북돋우는 게임이었다.

"내 고향 쾰른이 최고다" 따위를 노래하다 갑자기 팝송 '컨트리 로드'로 옮겨가면 관객은 또 '웨스트버지니아 내 고향'이라며 떼창했다. 급기야 멤버들이 바지를 벗고 밴드 이름을 새긴 속바지 차림으로 엉덩이를 흔들자, 토끼 분장 여자가 흥분해 미친 듯 동그란 꼬리를 돌리며 화답했다. 요동치는 꼬리를 보고 있자 내 속에 들어간 술도 회오리쳤다.

화장실 바닥에 하염없이 주저앉아 그런 생각을 했다. 막돼먹게 살고 싶다. 가끔은 토끼, 홍학, 얼룩말로 변장하고 자신과 타인의 시선이 간수 노릇을 하는 감옥에서 탈출하는 맛이라도 있어야, 내일이라는 협박에서 벗어나는 오늘도 있어야, 숨 쉴 것 아닌가.

오래된 추억을 지키는 법

독일 작은 도시 헤네프에 있는 쿠어극장에서 영화 〈파파도풀로스 아들들〉이 시작하기 전, 한 여자가 무대에 섰다. "오늘 하이케 생일이죠." 난데없이 생일 축하 노래를 같이 부르잔다. 누군지도 모르는데 엉겁결에 웅얼웅얼 따라 했다.

이 영화관, 자리 배치도 심상치 않다. 표에 좌석 표시가 없다. 대신 손으로 얼기설기 짠 목도리를 수북이 쌓아놨다. 그중 한 개를 앉고 싶은 자리에 걸어놓으란다.

쿠어극장은 일흔다섯 살이다. 입구 전광판은 옛날식이다. 줄줄이 칸에 빨강 파랑 글씨를 오려 끼워 넣었다. 그 글씨 뒤편 형광등이 부들거리다 켜지면 동네 주민들이 걷거나 자전거를 타고 이 늙은 극장으로 온다. 매표소 안엔 점원 한 명이 심드렁하게 앉아 있다. 낡았지만 공들인 극장 안 카페엔 〈록키호러픽처쇼〉, 〈스타워즈〉 따위의 옛 포스터들이 졸고 있고 그 앞엔 1938년부터 온갖 풍파를 지켜본 원조 영사기가 서 있다. 나이가 들면 물건도 숨을 쉰다.

　이곳은 댄스홀로 문을 열었는데 무성영화가 들어오면서 극장으로 변신했다. 1938년엔 〈유대인 가면을 벗기다〉 따위의 나치 선전물을 틀어야 했다. 2차 대전이 끝난 뒤 미군, 영국군 손에 차례로 넘어갔다가 원래 주인인 벨링하우젠에게 돌아왔다. 쿠어극장에게 전쟁만큼 무서운 건 신식 영화관이었다. 자동차로 15분 거리 지크부르크에 멀티플렉스가 생기면서 결국 극장주가 손을 들었다. 2003년 지역신문엔 이런 기사가 실렸다. "당신이 어릴 때 만화영화 〈개구쟁이들〉을 보고, 청소년 시절엔 맨 뒷좌석에서 연인의 손을 만지작거리던 곳, 그리고 지금 당신 아이들과 같이 〈반지의 제왕〉을 보는 그 극장이 문을 닫는다."

　그러자 떴다. '쿠어극장의 친구들'이란 협동조합이 생겼다. 40여 명으로 시작했는데 지금은 회원이 1200여 명이다. 이 회원들은 돈 내고 일한다. 여기 고쳐놓으면 저기가 삐끗하는 노쇠한 건물을 닦고 조이는 게 다 이들 몫이다. 주황색 상영관과 어울리는 녹두색 커튼, 고풍스런 짙은 보라색 카펫도 직접 맞춰 넣었다. 대체로 안 팔릴 것들로 프로그램 선정도 한다. 목도리 줬던 사람, 생일 축하를 종용한 여자 모두 조합원들이란다. 이 늙은 극장은 이들에게 '내 새끼'다.

　회원인 30대 공무원 쇠른은 퇴근하고 할 일이 없으면 극장에 온다. 그도 조합원이다. "따뜻하고 기분이 좋아. 커튼 갈고 하다 보니 정이 많이 들었어. 집도 이 동네니까 심심하면 와보는 거지." 쇠른은 영사기도 잡는다. 2층 영사실엔 1958년산 골동품이 있는데 장식품이 아니다. 여름이

쿠어극장의 친구들

일흔다섯 살인 쿠어극장은 독일 작은 도시
헤네프에 있다. 멀티플렉스에 밀려 문 닫을 위기에
몰리자 지역 주민들이 나섰다.

아주 오래된 극장

형광등이 부들거리다 켜지면 동네 주민들이 걷거나 자전거를 타고 이 늙은 극장으로 온다.

면 그 옛날 그랬던 것처럼 무성 공포영화를 트는데 그때 없으면 안 되는 물건이다. 옆에 있는 신식 영사기는 파일만 꽂으면 되는 매끈한 박스 모양이다. 이 골동품은 꼬불꼬불 톱니바퀴를 따라 필름이 화면에 비칠 때까지 먼 길을 돌아간다. 옆에 사람이 서서 정성을 들이지 않으면 돌아가지 않는 물건이다.

영화 〈파파도풀로스 아들들〉은 뻔한 얘기였다. 잘나가던 기업 회장이 금융 위기로 망한 뒤 어린 시절 부모님이 하던 구멍가게만 한 레스토랑을 다시 열고 삶의 의미를 찾는다는 줄거리다. 중요한 대사는 혹시 관객이 눈치채지 못할까봐 몇 번 반복했다. 그중 하나는 이랬다. "성공은 행복의 총량이지."

옆자리에서 한참 졸다 일어난 나탈리에게 왜 이 극장에 오느냐고 물었다. "귀엽잖아." 이 늙은 극장에서 올여름엔 무성영화를 보고 싶다. 독일어까지 안 나온다니 왜 이렇게 좋냐.

알레 퓌어 칼레, 칼레를 위한 모두

독일 퀼른 폰타네 거리. 볕 좋은 날이면 개, 비둘기, 사람이 벤치에서 꾸벅꾸벅 조는 보통 주택가다. 어느 날, 이 한가한 동네 발코니에 '칼레를 위한 모두' '칼레는 여기 머무른다'는 글을 적은 펼침막이 펄럭였다. 칼레는 4층 꼭대기 19평짜리 집에 살던 카를하인츠 게리크의 애칭이었다. 이 동네에 이제 칼레는 없다. 사흘 전 강제 퇴거를 당했다.

"미치게 감동적이었어요." 쫓겨나며 칼레는 이렇게 말했다고 지역신문 〈익스프레스〉가 전했다. 경찰 100여 명이 작정을 하고 새벽 2시부터 칼레의 집으로 통하는 거리를 막았다고 한다.

전에 이미 두 번이나 실패했기 때문이다. 그때는 이웃을 포함한 시위대가 빨랐다. 새벽 5시께부터 300여 명이 칼레의 집 앞에서 빵을 돌려 먹었다. 중년 커플은 바이올린을 켰고 젊은이들은 드럼을 쳐댔다. 동네 할머니들까지 의자를 끌고 나와 앉았다. "알레 퓌어 칼레(칼레를 위한 모두)!" 새까지 울어댔다. 결국 그날 작전은 뒷북으로 끝났다.

이번에는 경찰이 시위대보다 빨리 움직여야 했다. 꼭두새벽부터 진을 쳤는데 웬걸, 귀신같은 수십 명이 또 층계참에 서로 팔을 엮고 앉아 있다. 새벽 1시께 나온 잠 없는 사람들, 칼레의 이웃과 이웃들이 재워줬던 운동가들이었다. 그들은 아침 7시부터 한 명씩 끌려 나왔다. "이게 민주주의인가?" 누군가 소리쳤다.

칼레는 이곳에서 32년을 살았다. 입주 때만 해도 월세가 그리 비싸지 않았다. 교통 좋은 시내다 보니 매년 월세가 올랐다. 인상폭 상한선이 있어도 지칠 줄 모르고 오르는 월세 앞에 장사 없었다. 버티는 데도 한계가 있어 오래된 이웃들이 하나둘 도시 외곽으로 빠져나갔다. 최근 칼레도 집주인에게 통보 받았다. 이유 없이 오래된 세입자를 내쫓지는 못하니 주인은 자기가 들어와 살 거라 우겼다. 내부 개조 뒤 비싸게 팔아 수익을 남기려는 속셈이었다. 칼레는 거짓말 말라며 소송을 걸었다. 집주인이 인터넷에 매물 광고까지 한 증거물도 내밀었는데 법원은 집주인 손을 들어줬다. 이웃들은 펼침막을 자기 집 앞에 내걸기 시작했다.

"돈 있다고 마음대로 할 수는 없어!" 칼레는 방송사 베데에르WDR(서부독일방송)와의 인터뷰에서 말했다. '도시에 정의를'이 조직된 것도 이맘때였다. 홈페이지에는 이렇게 적혀 있다. "집은 모두가 필요하지. 세입자를 돈벌이 희생자로 삼지 마." 첫 모임 참가자는 여덟 명이었는데 두 번째 모임부터 부쩍 늘었다. 경찰이 떼어내려 할 때 서로 붙어 있는 연습도 시위 전에 했다. 이들이 칼레와 함께했다.

마지막 시위대까지 모두 경찰에 끌려간 아침 9시께, 법원 명령 집행

자에게 결국 집 열쇠를 넘겨준 칼레는 시사주간지 〈슈피겔〉 온라인판 기자에게 "이런 연대를 경험하고 내가 어떻게 이웃을 떠나겠냐"며 "돌아올 거다"라고 말했다.

그 동네를 한 바퀴 돌며, 칼레는 졌지만 이런 이웃이 있다니 독일이 부럽다 생각했다가, 이내 나한테 '웃기고 있네' 했다. 한국에도 서울 홍대 근처 칼국수집 두리반 철거에 맞서 500일 넘게 노래 부르고 다큐 찍던 사람들이 있었다. 한진중공업 해고자들과 연대한 희망버스도 있었다. 내가 거기 없었을 뿐이다.

그의 아름다운 이웃

"함께 웃고 함께 싸우고…… 이런 연대를 경험하고
내가 어떻게 이웃을 떠나겠나?"

이것들아, 나 대학 나온 여자야

"우리는 젊은이 구해." 신분증이라도 보고 이야기했으면 억울하지는 않았겠다. 얼굴 보자마자 주인아줌마는 다짜고짜 어퍼컷을 날렸다. 독일본 시내에 있는 한 레스토랑에서다. 허망했다. '사람 구함' 광고를 보고 레스토랑 주변을 한 시간 반 동안 배회했더랬다. 오늘만 날인가, 지금 한창 바쁠 점심시간이니 조금 있다 갈까 뭉그적거리다 친구한테 전화 걸어 난데없는 신세 한탄 끝에 운명의 유리문을 밀었던 터였다.

잘리는 데 1분 걸린 것 같다. 거기다 대고 '사실 보기에 그렇지 저 그리 안 늙었어요'라 애원을 하겠나, '당신 기준에 젊다는 건 몇 살까지를 말하느냐'고 따져 묻기를 하겠나. 바로 돌아서자니 뒷머리가 뜨끈해 머뭇거렸다. 주인은 굴욕 인증샷을 찍을 요량인가보다. "홀에서 일할 청년 아니면 주방인데 주방은 다 찼어요." 점심시간을 피했는데 손님은 왜 또 꾸역꾸역 들어오나. '사실 취미였어요. 괜찮아요'라는 표정을 주문했는데 피부 위로 배달 온 건 우는 듯 찌그러진 입술이었다. 겨우 밖으로 탈출하듯 나오니, 손발 안 맞는 이 몸은 창피하게도 눈물을 빼고 앉았다.

서러웠다. '이것들아, 나 대학 나온 여자야, 한국에서 펜대 굴리던 여자라고.' 이렇게 어디다 대고 외치고 싶었지만 일단 그런 뜻을 전달할 정도의 독어도 제대로 안 되는 게 현실이었다.

집에 돌아와 흰머리를 염색했다. 분이 안 풀렸다. 괜히 같이 사는 사람한테 시비를 걸었다. "나, 여기서 다른 사람한테 인정받고 존경받는 그런 직업 갖고 싶어." 그가 정색하고 되물었다. "그런데 존경받는 직업이란 뭘 말하는 거야? 존경 못 받을 직업은 뭐야?" 마음속 생살을 쑥 파고든 내 시경이었다. 굳은살 없는 손이 수치인 줄도 몰랐던 내가 그제야 보였다.

통장이 비어가면 다행히 체면의 허물도 벗겨진다. 거듭 음식점 취업에 실패하고, 출장서비스를 하는 인력사무소에 지원했다. 그런데 막상 오라니 겁이 덜컥 났다. 큰 호텔에서 열리는 파티에 몇 명씩 파견을 가서 서빙도 하고 테이블도 정리하는 일이었다. 밥도 준다기에 희희낙락했는데 루마니아 친구가 이를 악물어야 한단다. 산만 한 사람들이 얼마나 먹어대는지 접시를 옮기다 보면 이두박근이 역도 선수 같아진다고 했다. 또 파티라면 밤새 일할 각오해야 한다. 그 무엇보다 고압적인 지배인이 힘들다. 한번은 하도 소리소리 질러대는 통에 앞치마 던져버리고 나왔다고 한다.

견딜 수 있을까? 15년 전 한국에 있을 때 딱 한 달 패스트푸드점에서 일한 적 있는데 굼떠서 점장한테 큰 미움을 샀다. 이번에도 폭풍 욕설을 들을 것 같았다. 100가지 가운데 99가지 잘해도 그건 당연해 말할 것도 없는 거고 한 가지 못한 것만 뭐라 하는 사람들이다. 독일어로 하면 욕인지 아닌지도 긴가민가할 테니 더 무서울 거다. 독일 친구한테 이런 걱정을 늘어놓으니 그런다. "너, 연습을 미리 해둬야겠다." 그 친구는 나만 보면 소리소리 질러대기 시작했다. 고맙다고 해야 하나?

발끝으로 걸어. 소리 안 나게!

집이 살아 있다. 눈 깜짝할 사이, 똥 무더기를 싼다. 일어난 각질처럼 먼지가 구석구석 허옇다. 돌봐주지 않았더니 빈 병들이 도열해 시위 중이다. 골동품이 다 된 병 무더기를 버리려고 챙겨 나서는데, 함께 사는 독일인이 도와주지는 못 할지언정 가로막는다. "일요일엔 병 버리면 안 돼." 신이 노하기라도 한단 말인가.

독일에서 병 분리수거는 색깔별로 한다. 갈색 병, 투명한 병, 초록색 병을 컨테이너에 뚫린 각각 다른 구멍에 떨어뜨린다. 구멍과 바닥 사이가 꽤 멀어 병을 넣으면 쨍그랑하고 깨진다. 독일인이 나를 가로막은 까닭은 그 소리 때문이다. 일요일엔 사람들이 쉬어야 하니 방해해선 안 된다는 거다.

처음 이 집으로 이사 온 날에도 저녁 7시쯤 3층으로 낑낑거리며 짐을 옮기는데 도와주던 독일인이 태클을 걸었다. "발끝으로 걸어. 소리 안 나게." 이웃들 귀에 내장되어 있을 것 같은 특수보청기를 빼주고 싶었다.

저녁이나 주말은 그렇다 치자. 낮에도 집에서 조용해야 할 시간대가 있다. 오후 1시부터 3시까지다. 옆집 사람이 낮잠 잘 수도 있다는 거다. 콜롬비아인 후안은 이 시간대에 기타를 쳤는데 곧 분노의 드럼 소리가 바닥을 울렸다. 아래층에서 빗자루로 천장을 쾅쾅 쳐댔다.

그런데 신기한 것은, 작은 소음에 뇌 파열이라도 일으킬 것처럼 굴던 사람들이 유독 주말 기차 안에서는 돌변한다. 특히 도심과 외곽을 연결하는 기차는 그동안 억눌렸던 소음 유발 충동을 경쟁적으로 발현하는 장 같다. 맥주 병나발은 이 경연장에 빠질 수 없는 소품이다.

밤 11시께 쾰른에서 본으로 돌아오는 기차 안, 40대 남녀 네댓 명이 불콰했다. 음담패설을 대통령 선거 후보 연설처럼 고래고래 해대며 자기가 한 말에 스스로 폭소를 터뜨리는데 화통한 것이 장군감이다. 안 들으려 해도 안 들을 수 없다 보니 일행이 아닌 사람도 피식거리기 시작했다. 썰렁한 농담이 지겨웠는지 내 뒷자리 청년이 음악으로 맞불을 놓는데 싸이의 '강남스타일'이다. 볼륨이 어찌나 빵빵한지 그 청년 손을 잡고 덩실덩실 춤이라도 춰야 할 것 같다. 여기는 대체 어디일까. 노가리 안주라도 시켜야 하는 건가.

이 소음 경연장의 절대 강자, 불패 신화의 주인공은 축구팬들이다. 본에서 뒤셀도르프로 가는 기차 안, 오전 10시께인데 초록색 티셔츠를 맞춰 입은 청년 예닐곱 명의 낯빛은 새벽 3시를 가리키고 있었다. 코끝까지 불그스레한 게 벌써 한 명당 맥주 댓 병은 끝낸 것 같다. 이 무리는 기차가 출발하기 무섭게 목젖이 보이도록 응원가를 불러젖혔다. 너무 즐거워, 그들의 즐거움이 해일처럼 다른 승객들을 공격할 수도 있다는 걸 까맣게 모르는 천진한 표정들이다.

내 곁에 있던 커플은 이 와중에 대화를 시도했다. 축구팬들의 고성방가를 뚫고 나와야 하니 내뱉는 낱말마다 데시벨이 올라간다. 대체 왜 이런 대화를 하는 건지 모르겠다. "마르크스가 누구야?" "글쎄. 공산주의랑 관계있는 사람 같아." "정치가야?" "그런 것 같은데."

왜 입, 눈 다 닫히는데 귀는 안 닫히는 걸까. 4차원 대화와 응원가가 함께 귓구멍 안으로 돌격하니 속절없이 무장해제 된다. 이럴 때면 한번 따라가서 보고 싶다. 이들도 내일이 되면 까칠한 옆집 사람, 아랫집 사람들로 돌변하려나?

빨래만 증인처럼 묵묵히 거기 있을 뿐

'결정해주는 남자' 70대 밍크가 이사 오면서 10가구 사는 연립주택의 평화는 깨졌다. 발화점은 세탁실이었다. 세탁기를 각자 집에 놓지 않고 지하에 모아두고 빨래하는데 거기 걸린 빨랫줄이 도화선이었다. 선전포고는 이메일로 왔다.

"이웃 여러분, 환기 불가 세탁실 내에 습기 함유한 천 등(이하 빨래) 건조 시 건축자재에 악영향을 미칠 것으로 우려하지 않을 수 없는 바, 건조 지탱물(이하 빨랫줄)을 상기 공간에서 조속히 철거해주시기를 바라 마지않습니다. 여러분의 밍크." 빨랫줄을 걷지 않으면 검찰에서 압수수색을 나올 것 같았다.

홀거가 발끈했다. 그는 50대 독거 직장남으로 종갓집 맏며느리를 방불케 하는 살림의 왕이자 빨랫줄의 명예를 제 것처럼 아끼는 남자다. "첫째, 10년 이상 빨래를 말려왔으나 이로 인해 건물에 이상이 발견된 적 없습니다. 둘째, 세탁실 문 앞에 분명 '세탁 및 건조실'이라고 쓰여 있습니다. 셋째, 건조는 주민회의에서 결정된 것으로 밍크 혼자 바꿀 수는 없습니다."

참조에 참조를 거듭하는 이메일 지구전이 시작됐다. 첫 번째 쟁점은 '건조'를 어떻게 해석할 것인가를 두고 벌어졌다. 밍크 "하나, 여기서 건조란 전력을 통한 건조, 즉 건조기로 하는 건조에 한하는 것임"을 밝혔는데 건조를 계속 반복하며 글로 말을 더듬는 것을 보니 혈압 상승 중이다. 두 번째 쟁점, 민주적 절차였다. "하나, 주민회의에서 결정됐더라도 구조물 안전을 위한 법률이 상위법임을 확신하기에 인정할 수 없다." 쉬운 말 어렵게 해 정신을 사납게 하려는 밍크의 작전은 우사인 볼트급 스피드를 지닌 세 살짜리 아들 때문에 자신도 스프린터가 되어버린 직장 맘 크리스티아나에게 먹혔다. "귀가 코에 붙어 있는지도 모를 지경이니 알아서들 해주세요."

스크롤 압박이 심한 중심 논쟁에 덧붙여 홀거 편 이웃끼리 돌려보는 전우애 충전용 번외편 메일까지 우편함을 수시로 폭격해대더니 휴전 협상은 의외의 지점에서 이뤄졌다. 빨래 건조대. 밍크는 빨랫줄만 걷어낸다면 명분은 찾는 것으로 여겼나보다. 홀거 쪽에서는 빨래를 거기서 계속 말리기만 한다면 자존심은 지킨 것이라 해석했다.

한동안 불안한 평화가 유지됐다. 갈등의 핵 빨랫줄은 사라졌고 빨래 건조대만 꾸벅꾸벅 졸며 비무장지대를 지켰다. 허나 아슬아슬한 균형은 복병으로 무너졌다. 그간 이메일이 너무 길어 통 읽지 않았던 발레리가 끼어들었다. "대체 빨랫줄에 말리는 것과 빨래 건조대에 말리는 것이 건

축자재에 미치는 영향에 무슨 차이가 있나." 그렇게 섬광처럼 깨달음을 얻은 빨랫줄파들이 다시 암약하게 됐다.

이 전쟁으로 바뀐 것이 무엇인지 아는 사람은 없다. 빨래만 지난날의 증인처럼 묵묵히 거기 있을 뿐이다. 다만 밍크는 그 후 과격한 제안을 쏟아내 이슈의 중심 자리를 지켰다. 발코니에서 꽃에 물을 줄 때 아래층 사람 머리 위로 떨어지지 않도록 확인할 의무, 복도에 유모차 주차 금지, 아이들 소음 유발 구역은 놀이터로 한정 등이 담긴 새 규칙안을 제안했다가 모두 기각당했다. 주민들은 밍크에게 이런 꼬리표를 붙였다. '극단의 독일인.'

까칠한 옆집 사람

이웃과의 전쟁은 빨래 건조대와 분리수거에서 시작됐다.

자존심아 이제 그만 떠나주라. 나 좀 살자~

　한낮의 심문이었다. 심문하는 사람은 나, 당하는 자도 나였으니 도망갈 구멍이 없었다. 한식당에서 세 시간짜리 시험 아르바이트를 하고 온 다음 날이었다. 오늘까지 주인에게 일할지 말지 알려주겠다고 하고 어젯밤 10시 주방을 탈출했다. 오늘 종일 식당 주인의 번호가 찍힌 핸드폰을 들고 통화 버튼을 못 누른 채 머리카락을 잡아 뽑고 앉았다. 나는 대체 왜 통화 버튼을 못 누르고 있는지 나를 채근하는 중이었다. 이실직고하지 않으면 제 손으로 자신을 대머리로 만드는 형벌을 내릴 태세다.

　식당은 배 아프게 잘됐다. 독일인들이 진짜 고기 맛을 알게 됐나보다. 소불고기, 양념 돼지고기를 식탁 중간에 놓인 철판에 구워 먹는 그 맛, 할 말 없을 때 고기 뒤집으며 시간 때우는 그 기막힌 맛을 본 거다. 수요일 오후인데도 빈자리가 없었다.

　시험 아르바이트 날, 촛불 살랑거리는 식탁을 지나 주방 문을 여니 새파란 형광등이 눈을 찔렀다. 똥 누러 가면 죄인 취급 받는 상황이었다.

검은 티셔츠 맞춰 입은 특공대 네 명, 둘은 중동계였고 둘은 한국인인데 딱 봐도 백전노장이다. 재빠르면서도 여유 있는 기찬 손놀림이 성룡의 취권과 같이 절묘했다. 그날 내 사수는 30대 초반 한국 여자로 안경을 코끝에 걸친 채 두 사람만 지나가도 어깨가 부딪치는 복도형 주방을 유유자적 유영했다. 스스로 벌어 유학 생활 10년이란 그가 만두를 튀기면서, 전을 부치면서, 반찬을 담으면서, 옆 사람과 농을 치면서, 캘리포니아롤을 남들 모르게 슬쩍 받아 게 눈 감추듯 입에서 녹여내는 걸 보고 있자니 나는 그에게 복속하고 싶어졌다.

내가 할 일은 나에게 꽤 맞아 보였다. 요리는 언감생심, 반찬을 접시에 담는 것이었다. 그런데 복병이 있었다. 메뉴마다 나가는 반찬이 다 달랐고 가짓수도 많았다. "메뉴 1에는 어떤 반찬이 나가죠?" 나를 맡은 여자 성룡이 몇 번 일러준 뒤 물었는데 그 카리스마에 짓눌려서인지 나는 자꾸 버벅거렸다. 그렇게 힐끔힐끔 전자레인지 귀퉁이에서 어렴풋이 반짝이는 희망의 별, 시계를 훔쳐보며 세 시간을 때웠다.

그리고 일을 할지 말지 결정할 순간이 왔다. 추궁당하는 내가 주인에게 일하겠다 말하지 못하는 이유를 둘러댔다. '한 시간에 7유로는 너무해. 지금 법정 최저임금이 8유로가 넘는데 부당하잖아.' 추궁하는 나는 그럴 줄 알았다는 듯 피식 비웃었다. '돈도 벌고 일도 배우고 사람도 만나고 좋잖아. 일이 간단하잖아. 인도네시아 친구도 다른 레스토랑에서 7유로 받고 일하잖아! 너 그게 진짜 이유 아닌 거 다 알아!' 추궁하는 내가 맞다. 나는 자존심이 상했다. 남들이 나를 우습게 볼까 무서웠다.

진실을 쥔, 추궁하는 내가 이겼다. 통화 버튼을 눌렀다. 그런데. 너무 늦게 깨달았다. 주인도 내가 싫단다. 돌이켜보면, 내가 담은 김치는 포기 반대 방향으로 벌러덩 뒤집어져 하늘로 팔다리를 허우적거리고 있었다. 여자 성룡이 김치 포기가 굽은 방향을 고려해야 소담하게 담을 수 있다며 시범을 보였더랬다.

고민한 것이 민망하게 순식간에 잘렸는데 이상했다. 멍 때리고 있다 보면 나도 모르게 이렇게 속으로 중얼거리고 있다. 메뉴 1, 콩나물, 감자볶음, 미역나물, 김치. 메뉴 2, 콩나물, 감자볶음, 여기서 주의, 미역나물 빠지고……. 그날 바로 일하겠다고 주인을 옭아맸어야 했는데, 자존심아 이제 그만 떠나주라, 나 좀 살자.

나의 독일식 웨딩드레스

내 결혼은 산으로 가고 있었다. 웨딩드레스부터 '웬수'가 됐다. "독일에서 신랑이 결혼식 전에 드레스 보면 재수가 없어. 절대 안 돼." 나탈리는 단호했다. 자기가 나서겠다고 했다.

드레스 값으로 평균 100만 원 이상을 불렀다. 딱 하루 입는 건데 사란다. 이곳 결혼식에선 밤새 드레스를 입은 채 뛰고 노니 빌려주는 데가 없었다. 똑같은 모양인데 색깔만 흰색이면 값이 두 배로 뛰었다. 중국에서 제작해 3분의 1 값에 배달까지 해주는 사이트가 성업 중이지만 시간이 없었다. 결혼 한 달 전에 드레스를 보자 하니 가게 주인들도 죄다 어처구니없다는 반응이었다.

드레스가 숨통을 조이는 목줄로 느껴질 즈음 나탈리가 기막힌 아이디어를 냈다. 자기 친구가 딱 내 사이즈인데 무려 200만 원짜리 웨딩드레스가 옷장 신세를 지고 있다며 득달같이 친구에게 전화를 걸었다. 친구카트리나는 춤 선생님인데, 화장을 하면 파란 아이섀도를 이마까지 칠해야 직성이 풀리는 여자다.

　보는 순간 빌었다. 제발 나한테 맞지 말아 달라. 욕 나오게 꼭 맞았다. 일단 웃통이 훅 다 까졌다. 등목이라도 해야 할 것 같다. 그 아래로 수많은 구슬들이 주말 명동 거리 인파만큼 박혀 아우성치고 있었다. 엉덩이까지 쫙 붙은 게 한 뼘의 살에게도 자유라고는 주지 않겠다는 결기가 느껴졌다. 등 쪽으로 끈을 칭칭 동여매 숨 한번 들이쉬려면 관청에 허가를 받아야지 싶다. 꼬리는 또 길어 한 바퀴 돌면 반경 50미터 안은 환기시킬 태세다. 거기에 거대한 장미 모자까지 쓰고 보니, '대체 당신은 누구세요?'가 됐다. "근데 이걸 입고 어떻게 화장실에 가?" 카트리나가 답했다. "화장실 못 가. 뭐 마시지 마." "밥 먹으면 옷이 터질 것 같은데." "난 밥 안 먹었어."

　새벽 2시까지 이 압박복을 입고 고난의 행군을 해야 한단 말인데, 그래서 금메달이라도 따면 모를까 도전하고 싶지 않았다. 그런데 또 눈치 레이더가 작동한다. '당신 기대에 부응하고파' 욕망이 올라온다. "진짜 예쁘다. 너 정말 안목 있다. 이걸 나도 꼭 입고 싶어." 술술 말하는 나를 보니 이게 남이지 싶다.

　갈팡질팡의 연속이다. 이번엔 독일인 남편이 타박이다. 나탈리를 배신하고 드레스를 묘사했더니 이런다. "네가 그걸 입으면 꼭 거대한 곤충 같을 거야." 둘 다 얼굴이 노래져 함께 폭풍 인터넷 검색을 한 끝에 50만 원짜리로 낙찰 봤다. 나는 이제 곤충이 아니니 걱정 말라며 남편에게 연신 맞장구쳤다.

곧 나탈리와 카트리나가 바통을 받아 내 고민 리그에 다시 등판했다. 남편한테 드레스를 절대 보여주지 말라 했는데 어떻게 거짓말을 할 것인가. 둘 다 기분 상하지 않게 어떻게 그 곤충 껍질 드레스를 돌려보낼 것인가. 그냥 눈 딱 감고 그 드레스 입고 변태를 해버릴까. 남편을 닦달했다. "드레스는 나 혼자 샀다고 할 테니 결혼식장에서 날 보면 깜짝 놀라는 연습을 해."

나탈리, 카트리나, 남편이 내 머릿속에서 이어달리기를 하는 통에 내가 진짜 원하는 건 행방불명 상태였다. 어떤 이는 세상의 불평등을 고민할지 모르는 시각, 손톱 물어뜯으며 셋 모두를 만족시킬 묘안을 쥐어짜고 있는 내가 한심하고 무엇보다 겁이 났다. 모든 사람한테 사랑받겠다고 덤비다 나 자신한테도 사랑받지 못한 사람으로 인생 끝낼 수도 있겠구나.

신부건 신랑이건 자기가 무엇을 입든 사랑받을 만한 사람이라는 확신이 없다면, 그 관계에는 균열의 씨앗이 숨어 있다. 그의 취향에 맞춰 내 취향은 응당 조절해야 하는 것으로 여기는 관계라면, 배려하되 자기 자신으로 남을 수 있는 두 성인의 평등은 이미 깨져 있는 건지도 모른다. 내 결혼식이라면, 내 인생이라면, 곤충이건 조류건 내가 되고 싶은 것이 되어야 했다.

그는 내가 처음 보는 소년이었다

'딱 딱 딱' 닫힌 문 사이로 신호음이 들렸다. 일흔한 살 아버지가 인터 넷 바둑을 두는 소리다. 존재를 증명하는 바이털 사인이다. 말 없는 아버지가 세상 밖으로 보내는 모스 부호일 수도 있다. 한국에 살 때 가족이 모이면 으레 엄마와 여동생, 나는 그 소리를 배경으로 수박 따위를 깨 먹으며 드라마를 봤다. 아버지는 항상 문 뒤에 있었다. 그와 나는 평생 서로 해독할 수 없는 암호를 날리다 토라져버렸는지도 모르겠다.

침묵 공습 경보가 울렸다. 독일 남편의 가족과 나의 한국 부모님이 독일에서 처음 만나는 날 아침이다. 모두 핵 협상을 앞둔 정상처럼 진지했다. 과묵한 아버지도 긴장했는지 책에서 읽은 독일식 인사법을 두 번 세 번 읊었다. "오른쪽 뺨, 왼쪽 뺨. 잘못하다가는 뽀뽀하는 수가 있다." 두 가족은 말이 안 통하고, 말 통하는 아버지와 나 사이에 긴말이 오간 건 일사후퇴 때가 마지막이었나.

독일 시어머니는 케이크를 세 종류 구웠다. 케이크를 비무장지대로 두고 양쪽 진영이 가식적인 미소로 간을 보는 사이 나는 입술을 물어뜯었다. 그때 아버지의 입이 바들거렸다. 인디아나 존스가 찾는 천년 보물의 방 빗장이 풀리듯 그 끝 모를 듯 깊었던 동굴의 문이 열리고 있었다.

"구텐타크. 이히 프로이에 미히(안녕. 만나서 반갑다)." 경상도식 독일어였다. 구립도서관에서 독일어를 팠다고 했다. 이어 넉살 좋은 웃음이 이어졌다. 마당발은 어머니가 아니라 아버지였다. "어머, 독일어 하시네." 시어머니의 말둑이 터졌다. 세 종류의 케이크 레시피로 대하 서사시를 쓸 모양이다. 아버지는 추임새를 넣었다. "레커, 레커, 분더바(맛있네, 맛있네, 끝내주네)." 흥이 난 시어머니가 내친김에 마당으로 진출했다. 이 만남이 판소리 완창만큼 길어질 것 같은 예감이 몰려왔다.

그날 그 집 마당엔 웬 꽃이 그리도 흐드러졌던 걸까. 시어머니는 한 송이 한 송이 부여잡고 설명했다. 시아버지가 계란주를 내왔다. 한창 분위기가 오르자 만국 공통 화젯거리인 화장실 유머를 주고받는지 시아버지는 계속 "피피, 피피(오줌, 오줌)" 했다. 아는지 모르는지 아버지는 조건반사처럼 웃어젖히며 한국말로 내게 계속 물었다. "언제 가냐. 이제 가자. 가면 안 되나." 그날 시어머니는 내가 상상도 못했던 말을 했다. "아버지가 참 명랑한 분이네."

독일에 머무는 2주간 아버지는 동네 탐험 나갔다 길을 잃어버렸고, 수챗구멍이 뚫리지 않은 건식 화장실을 물바다로 만들었고, 커피숍에서 카푸치노를 스스로 시키고 의기양양했으며, 50년 만에 자전거를 탔다가 입술이 파래져 돌아오기도 했다. 일곱 살 손자와 축구를 했고 처음으로 나에게 산에서 조난당할 뻔했던 이야기를 들려줬다.

　그리고 내 결혼식 날, 백발노인이 엉덩이를 살짝 뒤로 뺀 채 엉거주춤한 말춤을 췄다. 노래하는 모습도 내게 보인 적 없는 사람, 아버지였다. 이판사판 형형색색 조명이 돌아가는 춤판, 나는 얼렁뚱땅 그 손을 한번 잡았다 놓았다. 너무 잘 알아 물어볼 필요도 없다고 생각했던 이 사람은 누구였을까. '당신은 이런 사람'이란 시선의 감옥에서 풀려난 그는 내가 처음 보는 소년이 되어 있었다.

라디에이터는 난방기구가 아니다

부부 싸움의 계절이 다가온다. 기온이 떨어질수록 전의는 달아오른다. 지난해 겨울은 길었지만 여전히 승부는 나지 않았다. 네 살갗은 특수 재질이냐는 의심만 커져갔다. 독일인 남편과 나 사이 온도전이다.

이 집 라디에이터는 난방 기구인가. 나는 그 분류에 반대한다. 발바닥부터 감싸 안아 피를 데워주는 온돌 정도는 돼야 난방입네 할 수 있다. 집 라디에이터는 반경 5센티미터를 데우자 풀이 죽었다. 전기, 기름 먹고 힘은 어디다 쓰는 걸까. 강도를 세게 할 수 있는데 그때마다 쉭쉭거리며 통장에서 돈 빠져나가는 소리를 서라운드로 들려준다. 추위보다 더 등골 서늘한 소리다. 스웨터 두 개씩 껴입고 요실금 라디에이터 위에 앉아 지난겨울을 났다. 집 안팎이 무슨 차이냐 푸념하면 돌아오는 답은 항상 똑같다. "뭘 좀 많이 입어." 집에서 장갑도 껴야 하나.

그중 가장 추운 곳은 침실이다. 바깥 온도가 영하 10도 이하로 떨어지지 않으면 난방기구 켜는 법이 없다. 침실 문을 열면 냉기가 덮쳐 잠을 추방한다. 뜨끈한 방바닥에 근육이 노글노글해져야 그 사이로 잠이 스며드는데 이건 정신이 번쩍 나 수능 수학을 펼쳐 들어야 할 판이다. 나는 근육과 정신 모두 각성 상태인데 옆에서 두꺼운 담요 위로 얌체같이 코만 내밀고 동면하는 그를 보고 있으면 이불을 확 들춰버리고 싶은 충동이 일었다.

그의 주장은 그렇다. 두꺼운 이불이 있는데 왜 연료를 낭비하는가. 난방 틀면 공기가 탁해져 건강에 더 안 좋다. 여기선 다 이렇게 잔다. 마지막으로 실제로 그렇게 춥지 않으며 네가 너무 곱게 자라 피부가 공주병이다.

냉기로 척추 디스크끼리 밀착할 것 같은 어느 날 밤, 그의 주장을 박살 내기 위한 증거 수집에 나섰다. 온도를 쟀다. 얼마나 비인간적인 냉골에서 자고 있는지 똑똑히 보여주마. 이럴 리 없는데 16도 정도다. 내 세포는 시베리아 유배 중인 것 같은데 실제 온도는 봄날의 비웃음을 날렸다.

둘째, '네가 이상하다'는 확증을 뒷받침해줄 이웃의 증언을 들어봤다. 아래층 발레리, 겨울에 난방은커녕 창문도 좀 열고 잔단다. 지난 3월 아직 찬바람이 암팡진데 앙겔라는 태어난 지 6개월 된 아기가 잠드니 얼굴만 빼고 담요로 똘똘 싸 바구니에 담고 베란다에 내놓았다. 그래야 더 잘 잔단다.

어디나 통하는 다용도 카드는 아직 남았다. '나는 너랑 다르다'다. 네가 어떻게 살았든 내 살갗은 전기장판에 길들여진 앙투아네트다. 네 방식을 나한테 강요 마라. 결국 온도가 영하로 떨어지는 날, 자러 가기 직전 10

여 분 동안만 강도 1로 라디에이터 켜기 협상에 성공했다. 그날 평화로운 밤이 지나고 지구전이 시작됐다. 몰래 켜면 몰래 *끄고* 켜면 *끄고*…….

한쪽 다리를 이불 밖으로 내놨다 냉기에 화들짝 깬 다음 날이면, 나는 한국에서 엄마가 보내준 멸치로 국물을 우려냈다. 거기에 마늘까지 다지면 복수극에 쓸 재료가 완성된다. 부엌은 이미 냄새가 정복했다. 코를 쥐고 괴로워하는 그를 보며 통쾌해하는 일만 남았다. 나와 마디마디 다른 이 남자를 괴롭힐 수 있는 방법은 다행인지 불행인지 널렸다. 올 겨울엔 엄마에게 멸치를 더 보내달라 해야 할 것 같다.

아주 오래된 집을 떠나야 할 때

"팔아." "못 팔아." 3년째다. 한스와 크리스텔은 2층짜리 난독주택을 놓고 부동산 전화번호를 누르다 말다 하고 있다. 20평 남짓한 마당에서 감자 캐다 허리 후들거릴 땐 분명 "이놈의 집 판다" 했다가, 그 감자가 창고에 쌓이면 "어떻게 지은 집인데⋯⋯"로 돌아섰다. 추레한 구식 집인데 둘에겐 그대로 인생이다. 피란 와서 맨땅에 제 손으로 세운 집이다. 거기서 자란 아기들이 불혹을 넘기는 사이 한스의 심장은 가끔 박자를 놓쳤고 크리스텔의 무릎엔 인공관절이 박혔다. 이제 버겁다. 둘 중 하나 먼저 가기 전에 작은 아파트로 옮기기로 머리로는 이미 결정했다. 겨울이 오고 있다.

한스와 크리스텔의 고향은 동프로이센이다. 2차 세계대전 뒤 폴란드와 러시아로 찢어져 넘어간 땅이다. 러시아군 피해 서쪽으로 피란을 떠날 때 한스가 여덟 살, 크리스텔은 여섯 살이었다. 걷다가 화물칸에 실려 가다가 하며 북해 부근까지 오는 데 6개월이 걸렸다. 화물칸 철문이 닫히면 암흑이었다. 기차가 멈추면 숲으로 도망쳤다. 그 공포 탓에 둘은 평생 비행기를 못 탔다. 문이 닫히고 내릴 수 없다는 생각이 들면 거기가 어디건 그때 그 화물칸이 되어버린다.

도착한 서쪽 땅, 크리스텔이 기억하는 건 머릿니다. 농가 마구간 짚 위에서 떼로 자다 보니 머릿니가 이 머리에서 저 머리로 뛰어 다녔다. 또 하나는 동네 언니가 버터 한 조각을 구해 설탕 넣고 만들어준 사탕, 그 기적 같은 맛이다. 농사일을 도우며 농가에 기식하다 군인들이 두고 간 합판 숙소에서 지내기도 했다. 방 한 칸에 아홉 명이 살았다. 그때 하도 배를 곯는 바람에 지금도 지하 창고에 깡통 식품을 천장 가득 쌓아두지 않으면 불안해한다.

더 서쪽으로 가면 일자리를 구할 수 있다는 소문이 돌았다. 피란 가족인 한스와 크리스텔은 독일 서쪽 라인강 주변 공동주택에서 이웃으로 만났다. 어느 저녁 자전거를 세우다 입 맞추고 연인이 됐다. 신혼부부에겐 집이 없었다. 운 좋게도 삼촌에게 허허벌판 땅 한 뙈기를 얻었다. 은행에서 돈을 끌어다 집 골격만 세웠는데 안은 시멘트 바닥이었다. 첫아이는 그 바닥을 기어 다니다 무릎이 해졌다.

기차 검표원이던 한스가 한 달에 500마르크를 받으면 400마르크가 은행으로 직행하던 시절이었다. "일이 끝나면 담배가 간절했어. 한 개비씩 팔았거든. 딱 한 개비만 살까? 안 돼. 그 돈 모아 시멘트 사야지."

그 집 마당엔 시멘트와 모래를 섞는 기계가 돌아갔다. 두 아들은 걸음마를 배우자마자 삽질을 시작했다. 한스가 제 손으로 격자 모양 마루를 맞춰 넣고 방마다 문을 만들어 달았다. 45년이 지났는데 이 집은 아직도 다 완성하지 못했단다. 자라는 만큼 늙어가는 집이다.

습기 타고 추위가 스멀거리는 겨울 초입, 한스는 아들에게 전화했다. "부동산에 내놨다. 갖고 싶은 거 있으면 가져가라." 1972년부터 모은 잡지 〈월간 정원〉만 방 한쪽 벽의 4분의 1을 채웠다. 아들의 받아쓰기 공책까지 그대로다. 옮겨갈 집은 20여 평이니 다 처분해야 한단다. "아, 《슬픈 돼지》가 아직도 있네. 마지막 장면 기억나." 말하는 아들의 목소리가 젖어들었다. 노래진 10여 쪽의 그림 동화책을 꺼내주는 한스의 눈이 벌겋다.

온수로 샤워하려면 물이 달궈질 때까지 15분 넘게 기다려야 하는 집이다. 새 주인은 아마도 헐거나 완전히 리모델링해버릴 것이다. 아들이 아버지에게 말했다. "그래도 여기 살 때 행복했잖아요."

추억으로 지은 집

피란민인 한스와 크리스텔은 45년 동안 이 집을 지었다. 아직 다 완성하지 못했는데
이사를 가야 한다. 아들이 아버지에게 말했다. "그래도 여기 살 때 우리 행복했잖아요."

김밥이 터지기 전에 주인 속이 먼저 터졌다

임금 줄까 안 줄까? 독일 한국 분식집의 '인턴' 마지막 날인 나흘째, 주인아줌마의 입은 오리무중 닫혀 있다. 정식으로 일하게 되면 시간당 7유로를 약속했는데 테스트 기간엔 얼마 줄지 어물쩍 서로 합의가 없었던 터다. 독일 거주 한인 카페에 가끔 올라오는 한국 식당 성토기도 내 불안에 한몫했다. 팁을 떼먹거나 임금이 짠 곳이 많단다.

이 예민한 것들. 안에 아보카도와 오이, 게맛살을 품은 캘리포니아롤은 닿는 손끝이 거칠다 싶으면 그새 자폭해버렸다. 낯을 가리는지 내 손끝에만 그리 까탈을 부렸다. 아줌마가 썰 때는 10년 키운 애완견처럼 그렇게 척척 들러붙더니 내가 주무르려 들면 아보카도를 게워냈다. 하나 썰 때마다 긴장해서 벌벌 떠니, 캘리포니아롤의 뱃가죽이 터지기 전에 주인아줌마의 속이 먼저 터질 지경이었다.

이것들이 만약 인간이었다면 이것은 인해전술이었다. 채 썬 무와 당근이 그랬다. 강판 칼은 어찌나 호전적인지 무든 손가락이든 닥치는 대로 갈아버리겠다는 듯 번득였다. 당근 다섯 개째에서 피를 좀 보고 말았다. 피는 왜 붉은가. 그리도 선명하게 내 어수룩한 실력을 주인아줌마에게 일러바쳤다.

접시는 때로 위로를 준다. 점심시간은 12시 30분부터 1시 30분. 주인아줌마와 조수인 나, 주문받는 청년은 비빔밥에 들어갈 계란을 부치면서 만두를 찌고 김밥을 말다가 불고기를 볶아대야 하는데 나는 덤으로 아줌마의 속도 볶는다. 손님 대부분이 독일인인데 우중충한 날의 라면 맛은 또 어찌 알았는지 하늘이 궁상을 떨면 가스레인지 위 라면 냄비가 불이 난다. 그렇게 가게 안 테이블 다섯 개 사이로 정신을 빼놨다가 개수대 앞에 서면 그 안에 잠수하고 있는 접시들이 입 무거운 친구 같을 때가 있다. 비빔밥처럼 손님이 채식주의자인지에 따라 고기를 넣고 빼야 하는 집중력을 요구하지도 않는 접시들은 닦아주기만 하면 말이 없다. 그것도 처음 몇 개가 그렇다는 이야기다. 이 말 없는 접시는 눈송이와도 같다. 한 송이씩 내릴 땐 포근한데 떼로 내리면 집 천장을 무너뜨리듯 내 어깨를 무너뜨린다.

이렇게 나흘, 하루 세 시간씩 캘리포니아롤 비위 맞추고 접시에 뒤통수 맞다 보니 임금이 간절해졌다. 단 몇 유로라도 만지고 싶었다. 간절함 중에 돈이 90이라면 나머지 10은 거창하게도 다른 이유 때문이었다. 나라는 인간의 노동에 대한 세상의 어떤 예의를 확인하고 싶었다. 그렇지 못한다면 사는 게 너무 두려워질 것 같았다.

마음이 다칠까봐 최악의 상황을 상정했다. 안 줄 경우 어떻게 할 것

세상이 주는 위로

시내에 4층 높이 크리스마스트리가 섰다.
나는 무 한 덩이와 40유로를 세상이 살 만하다는 증거품인 양 품고 그 곁을 걸었다.

인가, 달라 했을 때 그 어색한 상황은 어떻게 무마해야 할까, 그러다 이 알바마저 잘리는 건 아닐까. 마지막 날 최대한 천천히 앞치마를 벗었다.

주인아줌마는 한국 무 한 덩이를 들고 있었다. 길쭉한 독일 무 같이 맹탕이 아닌, 알싸한 진짜 한국 무다. 비닐봉지를 받아 드는데 주인아줌마가 40유로를 쥐어 줬다. 주인, 청년, 내 몫으로 3등분한 팁도 동전으로 줬다. 밥 먹고 가라며 앞으로 언니라고 부르라고도 했다.

집으로 돌아가는 길, 시내에 4층 높이 크리스마스트리가 섰다. 나는 무 한 덩이와 40유로를 세상이 살 만하다는 증거품인 양 품고 그 곁을 걸었다.

지갑을 열어야 하는 그 절묘한 타이밍

"아까는 그렇게 하는 게 아니었어." 친구들과 한국 식당에서 밥을 먹고 돌아오는데, 차 안에서 독일인 남편이 핀잔을 줬다. 우리는 한국 음식 먹어본 적 없다는 스테파니, 보도와 함께 불고기를 구워 먹었다. 반찬 무한리필까지 둘 다 좋아라 했는데 지갑을 열자 어색한 순간이 튀어나왔다. 내가 안 내면서도 내려고 했다는 인상을 주려면 초속 몇 센티미터로 지갑을 열어야 할까? 그 절묘한 타이밍을 찾는 내공을 쌓으며 불혹이 된 나다. 끊임없는 수련의 결과 내 머릿속에는 정교한 고차방정식이 생겼다. 상대의 나이, 친한 정도, 누가 낼까 눈치 보는 순간의 심리적 압박 정도 따위가 변수인데 그날은 우리가 낸다는 답이 나왔다. 둘 다 부모님 나이인데다 한국 식당에 왔으니 대접을 해야 할 것 같았다. 보도가 꺼낸 50유로를 돌려주며 "아니야, 주차비 내줘요"라고 말하며 나는 친절하고야 말았다는 안도감이 들었다. 그런데 남편은 그 순간을 꼬투리 잡았다.

50유로 아까워 생트집인 줄 알았는데 나름 논리는 있다. 그렇게 다 내

버리면 상대가 거기에 걸맞은 보답을 해야 할 것 같은 부담을 느낀다는 거다. 특별한 날 '내가 초대할게'라고 말한 뒤라면 괜찮지만 오늘처럼 말 없이 같이 온 경우엔 되레 마음을 불편하게 한단다. 게다가 내가 너보다 사정이 낫잖아 식으로 잘난 척하는 것처럼 비칠 수 있단다. 밥값을 내고 도 묘한 죄책감 덤터기를 썼다.

'밥값 안 내고도 친절 인상 남기기' 쇼에 발등 찍힌 적도 있다. 뮌헨에 사는 가구 공장 사장 사비나는 포르셰를 끌고 나타났다. 그와 저녁 먹은 바이에른식 식당은 감자와 밀가루 반죽을 경단처럼 빚은 것에 소스 좀 뿌리고 한 사람당 25유로를 강탈하겠다고 덤볐다. 여기는 사비나 구역, 나는 차로 네 시간을 달려온 손님, 나는 반백수, 그는 사장, 우린 100년 에 한 번 볼 사이, 이런저런 변수들을 넣고 나니 밥값 낼 생각은 추호도 없어졌다. 근데 또 습관 나온다. "내가 낼게." 나는 이 순간을 이후 석 달 간 줄기차게 후회했다. "어, 정말? 왜?" 사비나가 물었는데 이제 무르기 도 어렵게 됐다. "내가 초대하고 싶어서." 뭔가 낌새가 안 좋다. 사비나는 상냥하게 미소를 띠며 말했다. "고마워." 이건 내가 기대했던 대답이 아 니다. 자전거도 없는 나는 포르셰 주인 몫까지 금쪽같은 50유로를 토해 냈다. 고백한다. 나는 그 순간 사비나한테 서운했다.

여기는 빈말과 행간 읽기, 우회적인 거절 따위는 약에 쓰려고도 없는 독일인데 자꾸 까먹는다. 여기서 맞은 '나인(아니요)' 소나기에 이제 이골 이 날 때도 됐는데 상대가 대놓고 '나인' 하면 아직도 순식간에 불쾌한 마 음이 올라온다. 가게 직원이 다짜고짜 첫머리부터 힘 줘서 '나인'이라고 하면 '왜 이리 불친절해'로 마음이 직행한다. 좀 에둘러 말해주면 안 되나. 독일인 친구는 손님이 시간 낭비하지 않도록 바로 명확하게 알려주는 게 왜 기분 나쁘냐고 내게 되물었다.

내 머릿속엔 언제 들여놨는지 모를 자동 장치들이 꽤 많다. 자극 들어오면 바로 익숙한 해석이 들러붙고 곧바로 감정의 스위치가 켜진다. 어떤 것은 기억이 장착했고 어떤 것은 내가 익숙한 문화로 제작했다. 이것들이 내가 보는 세상을 대체로 결정한다. 어찌나 성능이 좋은지 주인장도 모르는 사이 순식간에 가동된다. 파생 상품은 오해의 찌꺼기일 때가 많다. '잠깐 멈춤' 버튼이 필요한데 설치가 힘들다. '너는 내가 아니지' 하고 생각할 시간 말이다.

세월을 버티기 위해 필요한 물건

우슐라의 크리스마스에 절대 빠지지 않는 장식품이 있다. 검은 옷을 입은 산타. 1950년에 열한 살 많은 큰오빠가 준 선물이다. 두꺼운 종이로 만든 산타 모양 통인데 볼은 여전히 발그레하다. 스프링에 달린 머리는 뭐가 즐거운지 66년째 끄덕이듯 달랑거린다.

본래 이 산타 몸속엔 초콜릿 세 조각이 들어 있었다. 여섯 살에 옛 동프로이센 땅에서 서쪽으로 피란 온 우슐라는 초콜릿을 작은 앞니로 갉아 조금씩 녹여 먹었다고 한다. 그 전해 크리스마스에는 엄마가 과자를 한 움큼 구웠더랬다. 버터를 용케 구해 반달 모양으로 빚은 과자를 바로 먹기 아까워 집에 들여놓은 전나무 가지에 장식으로 매달았단다. 집었다 놨다 눈독을 잔뜩 들이다 그 맛을 상상하며 즐거움을 미루는 건 쌉싸래한 쾌감을 주었다. '사각 사각 사각.' 그런데 아침에 일어나니 과자를 묶어뒀던 실만 남아 덜렁거렸다. 밤새 쥐 좋은 일 한 셈이었다. 이듬해 크리스마스에 우슐라의 오빠는 과자가 남긴 미련일랑 깨끗이 밀어버릴 환상의 맛을 선물했다.

　오빠는 딸 둘에 아들 하나를 낳고 물류 공장에서 일했다. 해가 유난히도 반짝이던 날, 오빠가 일하는 공장에서 지게차 운전사는 상자를 가득 싣고 문으로 향하는 중이었다. 햇살이 쨍하고 눈에 박혔다. 앞이 캄캄해졌다. 그 순간 상자들이 쏟아져 내렸다. 오빠는 그 밑에 깔려 즉사했다. 서른다섯 살이었다. 오빠가 살아 있다면 여든일곱 살이 되는 올해에도 검은 옷을 입은 산타는 입이 귀에 걸린 채 우슐라의 명절을 지켰다.

　우버한테도 명절 필수품이 있다. 유리병 안에 담고 빈 곳을 뽁뽁이로 메운 것도 모자라 헝겊으로 여러 겹 감싸났다. 할머니가 남긴 손바닥 반쪽만 한 파란색 유리 종이다. 파란색이라지만 종의 꼭지만 원래 색을 증명할 뿐 몸통은 이제 희끄무레하다. 우버의 증조할머니 것으로 전해지니 족히 100년은 됐다. 할머니는 전쟁 통에 다섯 살 된 딸과 피란길을 나섰다고 한다. 남편은 징집됐다. 수레를 끌 말이나 소도 없으니 양손 가득 봇짐이 전부였다. 여섯 달 동안 서쪽으로 걸었다. 가는 길에 쓸 만한 손수레를 발견했지만 감사 기도를 올리자마자 덩치 큰 피란민에게 빼앗겼다.

　우버가 스무 살 생일을 맞아 영국으로 여행 가 있을 때 할머니는 뇌출혈로 숨졌다. 마지막 대화는 "우버야, 돈은 꼭 복대에 넣고 다녀라"였단다. 우버는 미처 물어보지 못했다. 생필품 넣기도 빠듯한 그 봇짐 속에 이 유리 종을 싸 왔던 까닭을 말이다. 그저 매년 크리스마스에 그 종을 달며 상상할 뿐이다. 할머니는 그 세월을 버티기 위해 이 종이 필요했을지도 모른다고.

산타와 곰 인형

이 산타는 예순 살이 넘었다. 오빠가 우슐라에게 준 선물이다.

오빠는 숨졌지만 산타는 매년 크리스마스를 지킨다.

마흔일곱 살인 곰 인형 '대디'. 아버지가 아들에게 만들어준 첫 곰 인형이다.

베른트에게는 명절뿐 아니라 사시사철 집 한 귀퉁이를 지키는 마흔일곱 살짜리 곰 인형이 있다. 베른트 생애 첫 곰 인형으로 그의 아버지가 만들었다. 짱짱한 천을 사 재단하고 몸 안은 솜으로 채웠다. 목과 두 팔, 두 다리에는 관절을 끼워 넣어 사지를 움직일 수 있는 곰이다. 털은 숭숭 빠졌지만 관절은 여전히 잘 돌아간다.

곰 인형의 이름은 '대디'다. 아버지는 이 인형을 완성한 날 쪽지도 썼다. 베른트의 사진첩에 끝이 나달나달해진 그 쪽지가 남아 있다. "안녕. 내 이름은 '대디'야. 나를 아껴줘. 이름을 봐도 알겠지만 나는 아버지의 큰 사랑으로 만들어진 곰이거든. 언젠가 진짜 아버지가 네 곁에 있어주지 못할 날이 올 거야. 그래도 걱정 마. 대신 '대디'가 널 지켜줄 거니까."

금발의 치즈라면 언니가 모퉁이를 돌고 있다

'금발의 치즈라면' 언니가 모퉁이를 돌고 있다. 점심 때마다 치즈라면을 시키는 독일인이다. 건강식인 줄 아는 것 같다. 보자마자 냄비에 물을 부었다. 치즈라면 중독자는 동료까지 데려와 떡라면도 시킨다. '오늘의 요리' 아저씨는 또 한발 늦었다. 오후 1시 반이면 5유로짜리 오늘의 요리는 동나기 일쑤인데 이 꺽다리 남자는 꼭 그 시간에 와 어깨가 처져서 돌아간다. 독일 분식점 알바 석 달째, 단골 입맛도 슬슬 꿰게 됐다.

일이 손에 붙는 사이 머리는 8.5유로에 저당 잡혔다. 최저임금이다. 라면을 끓여도 김밥을 말아도 퇴근해 밥을 먹어도 오매불망 그 생각뿐이다. 논쟁 끝에 1월부터 겨우 시행에 들어갔다는데 석 달째 접어들도록 내 임금은 7유로 동결이었다. 매일 자기 전에 결의를 다졌다. '내일은 꼭!' 그러다 미소 띤 주인 얼굴을 보면 또 그 말이 쑥 들어가고 만다.

이럴 줄 알았다면 그때 그 회오리감자를 먹지 말 걸 그랬다. 주인아줌마가 크리스마스 장터에서 꼬치에 돌돌 말아 튀긴 감자를 사다 줬을 때는 회오리 감동을 먹었더랬다. 이제 최저임금 요구하려 하니 회오리감자가 바짓가랑이를 감았다. 같이 일하는 알바 청년과 동맹을 도모해보려 해도 그도 그동안 얻어먹은 게 걸리나보다. 주방에 둘만 있을 때 은근슬쩍 떠보니 독일인 피자집에서 일하는 친구들은 1월부터 임금이 올랐다며 조금 삐죽였다. '옳지, 옳지.' 내심 부추기자 그는 곧 여기는 점심도 주고 음료수도 마실 수 있지만 독일인이 주인인 곳에선 알바에게도 칼같이 돈을 받는다며 눈을 껌벅였다. 밥 고봉에 반찬이며 김치도 맘껏 먹게 해주니 차마 입이 안 떨어지는 그 심정이 곧 내 심정이었다.

'라면에 환장했나!' 소리치고 싶을 만큼 손님이 몰린 날, 드디어 청년이 떨치고 일어서는 듯했다. "장사 잘 되면 임금 올려주신다고 했잖아요." 설거지하던 나는 굿 보고 떡 먹는 기대에 꼭 다문 입꼬리가 기어코 올라가고 말았다. "장사가 꾸준히 잘돼야 올려주지." 주인이 심드렁하게 답했다. '옳지, 옳지' 했건만, 청년은 또 회오리감자의 추억에 빠져버렸다. 그 '꾸준히'가 뭘 말하는지 묻지도 않고 답한다. "네."

한 시간에 1.5유로 차이다. 두 시간 모아야 커피 한 잔 값이다. 최저임금에 집착하는 까닭은 돈때문만은 아니었다. 사회가 합의한 최소한의 대가, 그 최소한의 예의도 보장받지 못하는 내 노동이 서글퍼서였다. 내 노동이 곧 나이기 때문이다.

최저임금 때문에 속앓이하는 건 독일인들도 마찬가지였다. 기상천외한 조삼모사가 난무한다. 한 토론 프로그램에 나선 서른네 살 무스는 최저임금이 도입된 뒤 서류상으로는 8.5유로를 받는데 사장이 시간당 50

센트씩 '실비' 명목으로 떼어 간단다. 무스가 마신 물값이다. 개인 물병을 가지고 다니겠다니까 그래도 실비는 빠질 거라 으름장을 놓았단다. 도축 업장에서 일하는 사람들한테는 갑자기 칼 비용을 물리기 시작했다. 11년간 같은 구역에 신문을 돌려온 슐림스는 이제까지 94분 걸려야 처리할 수 있었던 양을 52분 만에 끝내라는 요구를 받았다. 불가능하다 했더니 해고됐다. 토론에서는 최저임금 도입이 현실적인 건지, 중소사업자들에게 어떤 영향을 미치는지를 놓고 갑론을박이 계속됐다. 듣고 있던 슈테판 젤 교수는 마지막으로 이렇게 한마디 했다. "잊지 마세요. 우리는 지금 풀타임으로 일해도 한 달 '세전' 수입이 1400유로가 안 되는 사람들의 '삶'에 대해 이야기하고 있는 겁니다."

결국, 나는 끝까지 최저임금을 받지 못하고 분식집을 그만뒀다. 주인이 단속에 대비해 만든 '가라 영수증'에 서명해야 했다. 떠나는 날엔 선물로 받은 빼빼로가 유통기한이 지난 상품인 걸 알고 가슴이 쓰렸다. 주인이 나쁜 게 아니라 제도가 불량품이었다. 구멍이 숭숭 뚫려 있으면 누구나 한 푼이라도 이롭게 그 사이로 빠져나가고 싶어지니까.

빵에 대한 지조

독일인 남편은 빵을 향한 지조가 있다. 나랑은 이혼해도 단골 빵집과는 백년해로할 거다. 인생 무슨 재미로 사나 싶게 매일 아침 메뉴가 똑같다. 아침에 밥 먹으면 온종일 속이 더부룩하단다. 저녁도 뜨거운 요리가 아니라 빵으로 때울 때가 많다. 독일식 하드롤인 브뢰트헨은 필수다. 손바닥보다 살짝 더 큰 계란형 빵인데 겉은 바삭하면서 질기고 속은 말캉하다. 표면에 해바라기씨, 호박씨, 깨 따위를 뿌려 팔기도 한다. 담백해서 먹을 만하다. 강적은 호밀로 만든 슈바르츠브로트(흑빵)다. 딱 봐도 건강에 좋게 생겼다. 빵계의 한약 같은 맛이다. 통호밀이 듬성듬성 불친절하게 버티고 있다. 시큼 텁텁하고 혀를 갈아낼 듯 거칠다. 한국인이 외국 나가면 김치가 그립듯 독일인들은 이 빵이 아른거린단다. 이런 빵들을 대형 마트에서 사면 남편은 똥 씹은 표정을 짓는다. 이 지역에서 2대째 영업 중인 골목 빵집 슐뢰서의 빵하고는 차원이 다르단다. 그에게 슐뢰서의 빵이 햅쌀로 지은 솥밥이라면 마트 빵은 일회용 용기밥이다.

빵 까탈 부리는 건 남편뿐만이 아니다. 한스는 한 달 전에 원래 살던 동네에서 12킬로미터 정도 떨어진 곳으로 이사했는데 빵 사러 옛 동네까지 온다. 슈테파니와 보도는 40년 넘게 함께 사는데 빵은 내 것 네 것 섞어 먹는 법이 없다. 두 사람 단골 빵집이 다르다. 이들에게 빵맛은 대량생산으로 찍어낼 수 없는 개별적인 기억이다.

그런데 독일인의 이 까다로운 입맛도 돈 앞에선 무뎌지나보다. 본의 한 지역에 올해 들어 대형 마트 두 곳이 문을 열었다. 이곳에선 자동기계로 구워낸 브뢰트헨을 개당 13센트에 판다. 반죽 재료를 인도나 동유럽에서 싸게 들여온다. 대량으로 빚어 체인에 공급해 값을 낮췄다. 주인이 매일 새벽 2시께 나와 반죽을 치대고 굽는 동네 빵집 슐뢰서의 브뢰트헨은 개당 30센트다. 17센트 차이의 구멍으로 둑이 허물어져가고 있다. 지역신문을 보니, 본의 동네 빵집은 거의 반으로 줄었다. 온라인 〈디 차이트〉에 따르면, 독일 전체에서 하루에 하나꼴로 동네 빵집이 사라지고 있단다. 동네 빵집끼리 동업으로 몸집 불리기에 나서기도 했지만 역부족이었다.

제빵사들은 대형 마트들이 빵으로 뻥친다고 본다. 빵은 반죽하는 손맛인데 기계 반죽을 해놓고 어디다 대고 빵이냐고 한다. 일간지 〈디 벨트〉를 보면, 열 받은 독일제빵협회는 진짜 독일 빵이 뭔지 보여주겠다며 유네스코 세계무형문화유산 등재 추진에 나섰다. 홈페이지 만들고 독일 전역 빵 종류를 모았는데 3552가지에 달했다. 온라인 〈디 차이트〉에서는 진짜 빵집이 어디 있는지 알아야 손님이 들 거라며 독자 1만5000명의 추

천을 받아 빵집 지도를 만들었다.

여기에 더해 인터넷 입법청원 사이트엔 "프랑스처럼 빵 반죽을 직접 하고 구워 내는 곳만 '베커라이'⑽빵집)라는 이름을 쓰도록 허용하자"는 제안이 올라왔다. 7626명이 서명했지만 입법까지 밀어붙이지는 못했다. 동네 빵집 슐뢰서 앞을 지날 때마다 한국의 동네 통닭집, 피자집이 떠올라 아슬아슬하다.

경 계
탐 구
생 활

상대적이면서도
절대적인

나라는 너는 도대체 누구냐?

같은 과에 20개국 출신 29명이 모여 있으니, 하루걸러 한 번씩 싸움이 났다. 그날 저녁 이란계 독일인 무함마드와 낄낄거릴 때만 해도 장난이 몰고 올 욕설 태풍을 까맣게 몰랐다. 모두 같이 간 뮌헨 여행 마지막 밤, 그냥 자기 서운해 악질 장난을 꾸밀 때는 즐겁기만 했다.

장난은 일곱 살 눈높이에 맞아야 제 맛이다. 새벽 2시께 프런트 데스크인 척 학생들 방으로 전화해 교수가 세미나 일로 급하게 부르니 304호로 당장 가보라고 협박하고, 304호에서 '왁' 놀라게 하자고 작당했다. 무함마드는 존경스러웠다. 코만 막았는데 목소리가 바로 프런트 데스크다. 강철 심장 인도네시아 두 친구만 교수건 뭐건 말도 안 되는 요구엔 응할 수 없다며 계속 자버렸고 나머지는 슬리퍼만 발에 낀 채 헐레벌떡 희생양이 됐다. 방글라데시인 압둘은 긴 천을 두른 전통옷을 입고 왔다. 다들 떼굴떼굴 굴렀다. 잠이 덜 깬 몽골 친구는 우릴 보고도 사태 파악을 못한 채, 교수 방이 어디냐 물었다. 나만 당할쏘냐. 한 명씩 희생자가 늘어가며 304호는 몸만 늙은 국제 어린이 조직의 은밀한 아지트가 되어갔다.

우크라이나 친구 아나도 골려줄까, 투표가 붙었다. 성질이 활화산이니 잘못했다간 우리 모두 유황불에 데는 수가 있다. 역시 '너도 당해라'가 승리했다. 무함마드는 한술 더 떠 아나에게 사진을 찍으니 셔츠까지 다려 입고 오라고 했다. 아나는 잠결에 셔츠를 다리다 문득 깨닫고 결심했다. '이것들, 요절을 낸다.' 먼저 진짜 프런트 데스크에 전화해 한밤의 홍두깨질을 해버렸다. 그 밤 데스크 청년은 주리를 틀렸는지도 모르겠다. 어찌 알았는지 내 페이스북 메시지함은 아나가 보낸 욕설로 배가 터져버렸다. 정화해 말하자면 '너 때문에 밤잠 다 설쳤고 네가 무슨 권리로 날 웃음거리로 만들려 하느냐'는 거였다. 너한테만 장난친 거 아니다, 미안하다, 여러 번 사과해도 다 반사했다. 욕설의 강도가 표도르 발차기 급이다. 그때쯤 내 맘속에서도 분노가 몰아쳤다.

진짜 황당한 건 아나보다 내 뇌였다. 내 이성은 장식인가보다. 이성은 점잖게 말한다. '아나는 네가 아는 단 한 명의 우크라이나인인데 그와 일이 틀어졌다고 우크라이나 전체에 꼬리표 붙이는 건 말도 안 되는 짓거리다. 한국 다 뒤져도 너랑 똑같은 사람 없지 않느냐.' 지당하다. 그런데 무력하다.

월급 통장에서 돈 빠져나가는 눈부신 속도로 편견은 자란다. 자라, 솥뚜껑, 압력밥솥 안 가리고 막 번진다. 편견은 날쌔다. 이성이 엉거주춤 일어설 때쯤이면 벌써 상황 종료되기 일쑤다. 하루 전 산 옷 바꾸러 갔는데 사장이 우크라이나 억양으로 안 된다 하면 '하여간 이 사람들은 다 공격적이고 불친절하지' 이렇게 마음이 돌아간다. 처음 만난 사람이 우크라이나 출신이라고 하면 난데없이 경계 태세다. 어이없게 러시아는 우크라이나 옆에 있다는 이유로 은근슬쩍 내 마음속에서 한 꾸러미에 담기기도 했다. 친구는 내 고민을 듣다 '너 이러다 인종주의자 되겠다'고 꼬집었다.

나는 대체로 선량하고 편견에 쉽게 휩쓸릴 만큼 그리 미련하지는 않다 믿었건만, 나는 그렇게 내 뒤통수를 후려쳤다. 나와 내가 혐오하는 인간 사이의 차이라는 게 정신 바짝 차리지 않으면 눈 깜짝할 새 넘나들 두께일 뿐이었다. 내가 원하지 않는데도 내 마음이 그리 움직이는 걸 무능하게 쳐다볼 때면 묻게 된다. 나라는 너는 대체 누구냐.

이방인이지만 혼자가 아니다

두 살 올르는 유모차에 앉아 빵을 빨았다. 누나 리자, 형 닐스와 틸은 학교 친구 찾느라 정신이 없다. 저녁 6시, 올르네 온 가족이 독일 본 시내 카이저 광장에 섰다. 그 마실 풍경 주변으로 "난민 들어오고 나치 나가라" 플래카드가 빼곡히 흔들렸다. 애가 넷인 올르 엄마 앙겔라가 말했다. "페기다한테 나치가 설 자리가 없다는 걸 보여줘야 해. 걔들이 아니라 우리가 다수야. 근데 페기다는 어디 있지?"

'페기다', '서구의 이슬람화를 반대하는 유럽 애국자들'의 준말이다. 2014년 10월께 함부르크에서 뭉치기 시작하더니 매주 월요일 여러 도시를 돌며 몸집을 불렸다. 드레스덴에선 1만5000명이 모여 짱짱한 세를 과시했다. 폭력적인 극우 훌리건이랑 엮지 말라며 자신들의 집회는 평화로운 '저녁 산책'이란다. 이날도 5시부터 이곳에서 '산책'하겠다 하더니만 그들이 미적거렸다. 애들인가 보면 페기다를 비꼰 '서구의 바보화를 반대하는 모임' 청년들이고, 쟤들인가 보면 '블랙퍼스' 등 이곳 사

경계의 이방인

타자로 살다 보면 솜털까지 레이더로 바짝 선다. 나는 이방인이니까.

투리 밴드들이 네오나치에 반대해 부른 '아따, 야그하잖께'를 귀청 떨어지게 틀고 있다.

"페기다, 저기 있다." 지루해질 참이던 닐스는 광장 한구석에서 소심하게 흔들리는 독일 국기를 보며 자기도 모르게 반색해버렸다. 300여 명쯤 모였는데 이미 풀이 죽었다. 페기다에 반대하는 사람들 3000여 명한테 완전히 포위됐기 때문이다. 경찰이 두 그룹 사이에 둘러서 충돌을 막았다.

목청 대결이다. 페기다 집회를 주도한 멜라니 디트머가 마이크를 잡자마자 반대 진영에서 야유가 쏟아졌다. "우리가 국민이다." 디트머가 옛 동독 시민의 민주화 구호를 가져왔다. 반대 진영에서 볼륨을 한 톤 높였다. "너희는 국민이 아니라 나치야." 디트머도 질세라 한 톤 높였다. "우리는 조국 독일을 지키는 애국자다." "닥쳐. 닥쳐." 확성기 하나론 머릿수에 밀렸다. 페기다 쪽에서 더 강력한 성대의 소유자인 미하엘이 단상에 올랐다. "베토벤의 나라……" 휘파람 조소에 말 중간 토막이 증발됐다. "지금 거리에……얼마나 히잡 쓴 사람들이 많은지……난민들은……호텔에서 호의호식……가난한 독일인은……안 돌보고……." 페기다 다음 주자가 입만 열었다 하면 반대 진영에서 온갖 힙합과 하드록이 쏟아져 나왔다.

페기다, 알다가도 모를 단체다. 독일의 무슬림화를 두려워하는 이 단체 집회가 가장 성공적이었던 곳은 무슬림 인구가 0.1퍼센트밖에 안 되는 작센주의 드레스덴이었다. 주간지 〈슈피겔〉에 따르면, 독일 전체 따져도 무슬림은 5퍼센트 정도다. '페기다'는 기독교, 가톨릭, 유대교를 바탕으로 한 독일의 정체성을 지키겠다는데 정작 기독교 교회 연합은 이 집단에 반대하는 집회의 주축이다.

극우는 절대 아니라는데 페기다 핵심인물 디트머는 극우정당인 독일 국가민주당 노르트라인베스트팔렌주 청년조직 대표였다. 전체 난민이 아니라 '나쁜' 범죄자 난민을 거부한다는데 히잡 쓴 여성들까지 걸고넘어지는 걸 보니 그 '나쁜'의 기준이 알쏭달쏭하다. 올르 엄마 앙겔라의 정리는 이렇다. "자기 인생 꼬이는 걸 난민과 외국인에게 덮어씌우는 일부 바보들이지." 그날 페기다의 거리 산책은 3000여 명 바리케이드를 뚫지 못하고 무산됐다.

앙겔라가 틀렸을지도 모른다. 당시 〈슈피겔〉 설문에서 응답자 49퍼센트는 "페기다를 이해할 수 있다"고 답했다. 비록 설문에 뒤통수는 맞았지만 그날 저녁을 생각하면 안심이 됐다. 이방인이지만 혼자는 아니었다.

나는 이겨야 독일인이다

독일에서 산 2년 반 동안 국기가 거리에서 떼로 휘날린 건 2014년 독일이 월드컵에서 우승했을 때뿐이었다. 국경일에도 국기를 내거는 일이 없었다. 독일인 베른트는 "지은 죄 탓에 '국가, 애국' 따위 잘못 말했다간 극우로 오해받기 십상이기 때문"이라고 했다. 학교에서도 '자랑스러운 독일인'은 배워본 적 없단다. 그간 꾹꾹 참아왔던 국기 게양 욕망이 폭발했는지 그해 독일이 월드컵 결승에서 이긴 날 새벽 1시, 본 시내는 국기와 맥주가 점령했다. 곤드레만드레 청춘들은 "독일, 독일" 반복하며 신 내린 듯 뛰었다. 그중 한 명이 "나에게 W를 줘" 그러면 다들 따라 "W"를 외치고 그렇게 한 글자씩 '벨트마이스터Weltmeister(세계 최고)'를 소리치며 날밤을 새웠다. 베른트는 1990년 월드컵 우승 때만 해도 분위기는 사뭇 달랐다 했다. 대놓고 "독일, 독일" 하는 이도 거의 없었고 그랬다간 묘한 죄책감이 스멀거렸을 거란다.

2014년 월드컵에서 터키계 이민 2세 국가대표 선수 메수트 외질, 튀니지계 사미 케디라, 가나계 제롬 보아텡은 매 경기 국가가 울려 퍼질 때 제창하지 않았다. 곧 트위터가 불났다. "왜 국가 안 불러. 국가대표로 뛰면 의무지." "융화의 모범을 보여야지. 국가 가사나 배워라." 맞불도 붙었다. "이걸 문제 삼는 것 자체가 역겹다." 언론이 올라탔다. 신문 〈디 벨트〉에 기고한 카트린 슈퓌어는 이 셋을 두고 "꼭 부모가 싸워 화난 청소년 같았다"며 "당신들의 침묵은 독일이 우리 모두의 조국이란 느낌에 상처를 냈다"고 비판했다. 같은 지면에 홀거 크라이틀링은 "나도 한 번도 국가를 불러본 적이 없다"며 "그건 전적으로 개인의 선택"이라고 반격했다. 독일이 우승한 1974년 월드컵 때엔 경기 전 국가를 단 한 명의 선수도 따라 부르지 않았다. 크라이틀링은 "국가 안 부른다고 애국심 없는 거 아니다"라며 "남의 입술 움직임 따져 애국 여부 판단하겠다는 사람들이야말로 애국심이 없는 자들"이라고 덧붙였다.

이 논란 동안 내 머릿속엔 한 독일인이 무심결에 내뱉었던 말이 맴돌았다. 2014년 외질은 부진했다. 왼쪽 돌파로 좋은 도움을 끌어내긴 했지만 골은 변비 같았다. 대여섯 명이 함께 목에 독일 깃발이 새겨진 호루라기를 차고 중계를 봤는데 외질이 힘 못 쓰는 게 부상 때문 아니냐는 이야기가 오갔다. 그때 한 사람이 소시지를 겨자에 찍으며 말했다. "별로 이기고 싶은 마음이 없나보지." 이렇게 말하는 순간 그의 마음속에서 외질은 터키인이었다. 나는 그때 진짜 융화의 적은 무엇인가 생각했다.

그해엔 이겼다. 그래서 '언제 적 논란'이 됐다. 국가대표팀이 돌아오는 날 베를린 브란덴부르크 앞은 터져 나갔다. 외질, 케디라, 보아텡도 영웅

진짜 독일인

당신은 '진짜' 독일인인가?
대부분의 독일인은 평생 이 질문을 듣지 않지만,
어떤 이는 평생에 걸쳐 이 질문에 답해야 한다.

들 속에 있었다. 그들은 이겼기 때문에 독일인이었다.

이 3인방은 왜 입을 닫았는지 설명하지 않았다. 다만 한국계 2세이자 독일 유소년 아이스하키 대표선수였던 마르틴 현은 〈도이칠란트라디오 쿨투어〉에 자신은 이해할 수 있다고 기고했다. "나는 독일인임이 자랑스럽다. 그런데 내가 그렇게 말하면 사람들은 만우절 농담처럼 받아들인다. 운동선수로 알아준다고 사회에서 일원으로 끌어안아주는 건 아니었다." 그는 "이 땅을 사랑하는 이주민을 의심하지 않고, 그들의 비판을 받아들일 때 독일은 극우로 몰리는 공포에서 해방될 것"이라 썼다.

2018년, 독일은 월드컵 조별리그에서 탈락했다. 온갖 질타를 받은 외질은 국가대표팀에서 은퇴 선언을 했다. "나는 우리 팀이 이기면 독일인이지만 지면 이주자 취급을 받는다. 더 이상 인종차별과 멸시를 겪으며 독일을 위해 국제경기에서 뛰지 않겠다." 4년 전만 해도 신생정당이었으나 그새 반이민 정서 몰이로 제3당이 된 '독일을 위한 대안'의 공동대표 알리스 바이델은 "외질은 터키 무슬림 문화권 출신 이주민들이 독일에 융화되는 데 실패했다는 걸 보여주는 전형적 사례"라고 말했다. 당신은 '진짜' 독일인인가? 대부분의 독일인은 평생 이 질문을 듣지 않지만, 독일에서 태어나 독일어를 쓰는 어떤 이는 평생에 걸쳐 이 질문에 답해야 한다.

국가라는 편견

한 독일 방송사 사이트에서 세계 문맹률 기사를 보다 뿔이 났다. 선진국과 개발도상국으로 나눈 뒤 색깔별로 문맹률을 표시했는데 포르투갈, 그리스도 선진국으로 분류된 표에 한국은 없었기 때문이다. 이란 친구에게 하소연했다. "여기 사람들 머릿속 선진국이란 유럽과 북미, 일본으로 딱 정해졌나봐. 거의 식민지 약탈 나라들이잖아." 게거품을 물었다. 고자질하기 잘했다. 이란 친구가 맞장구쳐준다. "맞아, 지금 한국이 포르투갈, 그리스보다 잘 살지 않아? 두 나라 다 돈 꾸기 바쁜데 한국은 핸드폰도 많이 팔고 잘나가잖아." 그 말을 듣고 나서야 꽁했던 게 풀렸다. 내가 화난 까닭은 선진국 대 개발도상국 분류 탓이 아니었다. 왜 한국은 선진국에 안 끼워주냐고 성질내고 있었다.

"한국에도 겨울이 있어요?" 또 시작이다. 한두 번 들어본 질문이 아니다. 시간제로 일하는 분식점에서 김밥과 씨름하고 있는데 문 열자마자 5,60대로 보이는 독일인이 들어와 주문을 넣었다. 만두가 익는 사이 멀뚱하게 서 있기 어색해 묻는 거다. 주인아줌마가 한국 겨울도 독일만큼 춥다 했더니 눈도 내리느냐고 한다. 김밥 말던 양손에 힘이 들어가기 시작했다. 그 독일인이 한술 더 뜬다. "한국도 프랑스 식민지였어요?" 그러니까 이 사람 머릿속 지도 속에 한국은 남아시아 어디쯤에 있었다. 그 독일인이 그저 궁금해서 묻는 건 줄 알면서도 나는 속이 부글거렸다. 고백하자면, 내가 꽁했던 까닭은 그가 한국을 몰라서만은 아니었다. 한국이 남아시아와 엮이는 게 싫어서였다.

한 아이스크림 가게에서 기다리는데 구석에 앉아 있던 중년 남자가 "니하오마"라고 인사를 건넸다. 그 가게에 동양인은 나 하나였으니 그 인사가 향하는 방향은 명확했지만 나는 아이스크림 받고 돈을 내는 데 걸린 5분 남짓 동안 미간을 살짝 찌푸린 채 그 중년 남자 쪽은 쳐다보지도 않았다. 후에 그때 놀리는 것 같아 기분 나빴다 투덜대니 한 외국인 친구는 "그냥 말 건 걸 수 있는데 왜 기분 나빠"라고 되물었다. 그래, 나는 중국인으로 보이기 싫었던 거다.

이 이야기를 한국 친구한테 했다. 친구는 "니하오마"나 "한국이 프랑스 식민지였느냐"는 질문을 들으면 자기도 화가 날 것 같다고 했다. 이유는 달랐다. "내가 중국인이나 남아시아 사람들과 같은 카테고리에 묶이기 때문이 아니야. 그들은 왜 모르는 것에 당당한가 하는 문제야. 예를 들어, 내가 독일이 어디 있는지 몰랐다면 부끄러웠을 것 같아. 당연히 알아야할 사실을 모른다고 느끼니까. 그런데 그들은 한국이 어디 있는지 모르는 걸 부끄러워하지 않아. 주변부 사실이니까." 그런데 한국인 중에

소심한 글쟁이의 세상탐구생활

김소민 지음 | 328쪽 | 15,800원

이것은 여행기가 아니다

발랄한 문체와 번뜩이는 재치로 저자는 일상 속에 숨겨진 작은 문화 코드를 통해 세상을 탐색한다. 이 책은 저자가 독일, 부탄, 스페인에서 만나고, 묻고, 뛰어들고, 부딪치며 취재한 세상과 사람들에 관한 이야기이다.

www.seoulselection.com | 서울셀렉션 | ISBN 979-11-89809-01-0

"잘 살고 있나요? 당신"

여자가 쓰는 집, 밥, 몸 이야기

밥 하 는 시 간

"삶이 힘드냐고 일상이 물었다"

김혜련 지음 | 316쪽 | 14,500원

다른 누군가가 아닌 오롯이 나만을 위해 밥하는 시간

나의 삶을 치유하는 시간

일상의 사소하고 작은 것들을 건디어야 하는 그 무엇으로 생각하는 한, 삶은 고통스러울 수 밖에 없다. 일상의 소소하고 작은 것들과 맺는 단단한 관계에서, 정성스런 태도에서 우리는 우리의 삶을 치유할 수 있다. 삶은 언제나 우리가 벗어나고 싶은 과거도 아니고, 오지 않을 미래도 아니고 지금, 여기 있다. 그리고 지금을 사는 삶은 절망하지 않는다.

www.seoulselection.com | 서울셀렉션 | ISBN 979-11-89809-08-9

서 아프리카 부키나파소를 독일만큼 알고 있다고 말할 수 있는 사람은 얼마나 될까? 서유럽의 역사와 철학만큼 남아시아에 대해 배우고 있나?

독일인들에게 한국이 어떤 나라인지가 왜 나에게 중요할까? 내 나라에 대한 인식이 나에 대한 판단으로 이어질 거란 생각 때문이다. 그들이 그러리라 지레 짐작하는 건 내가 그러고 있기 때문이다. 누가 만든 기준인지 옳은 기준인지 묻지도 따지지도 않고, 그 기준에 따라 앞줄에 서려 바둥거린다. 나는 머리로는 내가 인종차별주의자가 아니며 배경 상관없이 평등하게 사람을 대할 수 있는 인간이라 믿었다. 실상은 마음속 깊은 곳에서 사람을 국적에 따라 남몰래 줄 세우는 인간이었다. 그리고 그 줄 세우기의 기준은 돈이다. 인종주의자의 변종 '금종주의자'쯤 되겠다. 그 괴상한 줄 세우기에 나는 동의한 적 없다. 정말이다. 그런데도 내 속에 스며들어 강력하게 작동하고 있었다. 정신 바짝 차려 저항해야 한다. 그렇지 않으면 순식간에, 스스로 동의하지 않고 혐오마저 하는 그 기준에 따라서 사는 자신을 발견하게 될지도 모른다.

우리 안의 그놈 목소리

"네가 몰라서 하는 소리야." 루마니아인 록사나는 독일어가 원어민 수준이다. 영어, 스페인어까지 원 플러스 원으로 얹은 막강 구직자한테 독일에서 취직 걱정 없겠다 했더니 클럽에서 생긴 일을 들려준다. 코트 둘 곳이 마땅치 않아 팔에 건 채 한창 춤추는데, 한 독일인이 그에게 말했단다. "코트 구석에 놔. 아무도 안 훔쳐가. 여기 루마니아인 없어." 구호단체에서 일하는 한 박사는 루마니아인한텐 한 달에 50만 원만 쥐여주면 뭐든 다 한다고 말해 록사나의 속을 뒤집었다. 멱살 잡으려야 잡히는 것도 없는, 까무룩 안갯속 같은 편견에는 록사나 같은 강타자도 다리가 휘청했다.

2년 반 독일에서 사는 동안 딱히 대놓고 나한테 시비 거는 사람은 없었다. 2013년 극우정당인 독일민족당은 총선에서 1.3퍼센트 표를 얻고 찌그러졌다. 극우정당 지지율이 10퍼센트를 넘는 프랑스 등 다른 유럽 나라보다 양반이었다. 그래도 불쑥불쑥 느껴졌다. 주류 독일인들 뇌 속에 주인도 모르게 웅크리고 앉아 있을지 모를 '그놈'의 존재 말이다. 타자로 살다 보면 솜털까지 레이더로 바짝 선다.

장크트아우구스틴 시내는 흙탕물을 뿌려놓은 색깔이다. 오래된 고층 아파트가 껍질이 군데군데 벗겨진 채 서 있는 곳이다. 그곳 대형 자전거 매장에 갈 일이 있었는데 지하철역부터 30여 분을 걸어야 했다. 이웃 한스가 차로 데려다주겠단다. 그럴 거 없다 해도 굳이 시동을 건다. "거기 외국인들이 살아. 위험해." 아차. 한스는 그제야 움찔했다. 옆에 앉은 이 여자, 외국인이다. 그가 허둥지둥 덧붙였다. "아…… 그러니까 내 말은 나쁜 외국인." 한스한테 극우정당 지지자냐 물으면 자기를 뭘로 아냐고 화낼 거다. 그는 평생 사회민주당만 찍었다.

한번은 공원에 자전거를 세워두고 일주일을 안 찾아간 적이 있다. 잠 금장치는 없었지만 믿는 구석이 있었다. 하도 삐걱거리는 소리가 커 경 적이 필요 없는 생짜 고물이었다. 그런데 그도 탐내는 이들이 있었는지 사라졌다. 마르크는 대뜸 면박을 줬다. "거기다 그렇게 오래 세워두면 어 떻게 해. 거기 터키 사람들이 얼마나 많은데."

기자 귄터 발라프는 변장의 달인이었다. 터키 출신 외국인 노동자 알 리로 변신해 겪은 일을 엮어 책 《가장 밑바닥》을 1985년에 냈다. 독일인 이 꺼리는 공장 분진 청소에 동원돼 허파꽈리 터질 것 같은 고통을 찍소 리 없이 감내해야 했던 건 그렇다 치자. 매 순간이 강 같은 모욕이었다. 화장실엔 개와 터키인용이란 욕설이 휘갈겨져 있었다. 사장은 "너 여동 생 없어? 터키 여자들 싸던데"라는 말을 침 뱉듯 뱉었다. 마르크와 한스의 머릿속에 똬리를 틀고 있는 그 '나쁜 외국인'들엔 라인강의 기적 그 가장 밑바닥을 받쳤던 노동자와 그 자녀들이 대거 포함되어 있다.

　이런 이야기를 들으면 무섭다. 지금까지 만난 독일인들이 다 친절했어도, 마르크와 한스 같은 보통 사람들이 무심결에 던진 말들이 마음속 사이렌을 켜게 한다. 터키인, 루마니아인에게 상처 낼 수 있는 머릿속 '그놈'이라면 언제고 내 뒤통수도 후려칠 수 있기 때문이다. 나는 이방인이니까.

당신이 감옥에 갇힌다면

록밴드 '슈트롬 운트 바서Strom Und Wasser(전기와 물)'의 리더 하인츠 라츠는 2012년 '윤리적 철인삼종'이라는 이상한 경기를 자기 혼자 만들어 뛰었다. 난민신청자 거주지 80군데를 돌았다. "이런 걸 보고 멈출 수 없었어." 거기서 만난 감비아 사람 샘, 다게스탄 출신 누리, 아프가니스탄에서 온 후세인 등과 독일 전역을 돌며 1년 반 동안 콘서트를 꾸렸다. 2014년 1월 12일, 그들의 '마지막에서 세 번째' 콘서트가 열린 본의 한 콘서트장, 밤 9시께부터 관객 300여 명이 달떴다.

라츠는 난민신청자 거주지에서 30명당 달랑 하나뿐인 화장실, 취직과 여행이 모두 금지된 채 기약 없이 기다려야 하는 사람들을 보았다. 2013년 독일 난민신청자는 1997년 이후 최고치인 10만여 명, 주간지 〈슈테른〉을 보면, 보통 이 중에 1.5퍼센트 정도만 난민 지위를 얻는다. 나머지 98.5퍼센트는 운 좋아야 발 묶인 무기징역을 사는 셈이다.

'당신이 감옥에 갇힌다면.' 누리가 부른 노래 제목이다. 그는 10년간

난민 록밴드 슈트롬 운트 바서

"어떻게든 해봐야지. 예전에도 싸웠고 앞으로도 싸울 거야. 내 미래, 중요하잖아."

기프호른에 있는 난민신청자 거주지에 살았다. 전쟁을 피해 12년 전 독일에 처음 도착한 날이 생생하단다. "안전하구나하고 마음이 놓였어." 누리를 포함한 다섯 명의 가족에겐 25제곱미터(약 7.5평) 크기의 방이 주어졌다. 또 다른 공포의 시작이었다. "언제 경찰이 쳐들어와 추방시킬지 모르거든." 학교에서 밥을 먹으려면 난민신청자용 쿠폰을 내야 했다. 애들이 거리를 두기 시작했다. 고등학교를 마치고 인턴 자리를 구했지만 노동 허가가 나오지 않았다. 그러다 최근 그는 난데없이 한 달 반짜리 정식 체류허가를 받았다. "최고 기분 좋은 날이었지."

비니를 쓰고 껄렁껄렁 복도를 오가던 후세인, 홀로 떠돌이 생활 4년째다. 아프가니스탄에서 태어났는데 탈레반 탓에 가족과 이란으로 도망쳤다. 그곳에선 텃세에 시달렸다. 누군가 집에 불을 질렀다. 미래가 없겠다 싶어 다시 짐을 쌌다. 터키로, 그리스로 떠돌았다. 노숙이야 인이 박였다. 힙합으로 허기만 달랬다. 1년 전 독일로 넘어와 지금은 고등학교에 다닌다. 라츠는 그를 "아흔 살보다 더 고생을 많이 한 열아홉 살"이라고 소개했는데 말 붙여보니 헤벌쭉하다. "어떻게든 해봐야지. 예전에도 싸웠고 앞으로도 싸울 거야. 내 미래, 중요하잖아."

감비아에서 온 샘이 치는 다르부카는 북을 닮았는데 접신용인 것 같다. 내 옆에 있는 여자는 머리로 상상 속 드럼을 같이 치는 중인지 저러다 목이 빠지지 싶다. 처음 콘서트를 시작할 때만 해도 관객이 다섯 명이었는데 이제는 떼로 몰린다. 그런데 라츠는 그만두겠단다. "지쳤어."

그를 괴롭히는 건 독일 법이다. 난민신청자는 거주지를 떠날 수 없기 때문에 공연 때마다 공무원에게 허가를 받아야 했다. 기차역에서 아프리카 출신 사람들을 보면 경찰이 불심검문하자고 덤비니 공연에 늦기 일쑤였다.

다른 이유도 있다. 이미 끌어모을 관심은 다 끌어모았다. 돈 벌 목적으로 다가오는 제작자도 생겼다. 돈 좋지 않나? "왜 저 사람들이 이런 취급을 당해? 돈 없다고 이 나라 오지 말라는 거잖아. 이게 다 돈 때문이라고."

너무 딱딱하게 구는 거 아닌가? 라츠가 정신이 팔린 또 다른 궁리가 있다. "여자 난민신청자들 상황은 더 나쁜데 목소리를 못 내. 큰 배를 빌릴 거야. 여성 난민신청자들하고 강을 따라 돌며 공연할 거야."

할머니와 복숭아꽃의 시간

어머니는 아침부터 한우를 구웠다. 고기는 1년 반 만에 2주 일정으로 한국에 온 딸 앞에만 놓였다. 마주 보고 앉은 아버지가 밥 위에 한 조각 놓으려 어머니의 거센 태클이 들어왔다. 고기 조각을 쥔 젓가락이 어머니의 젓가락에 부닥쳐 일합을 겨뤘다. "너 먼저 먹어. 우린 만날 먹는다." 시차로 꿈속을 헤매던 나는 난데없는 아침 밥상에 한우 조각을 꾸역꾸역 입에 밀어 넣었다. 아버지의 젓가락은 김치와 콩나물 위에서 마음을 못 잡고 오락가락했다.

젓가락 혈전은 아귀찜 집에서도 이어졌다. 벌건 아귀는 죄다 내 앞 접시 위에 쌓였다. 어머니와 아버지는 콩나물만 팠다. 한 조각 옮겨놓으려 들면 금쪽같은 콩나물이 있는데 감히 아귀 따위가 웬 말이냐는 듯 질색했다. "너 사는 데선 못 먹었을 거 아니냐. 먼저 먹어."

홀로 사는 할머니 집에 가기 전에 관장이라도 해야 할 것 같았다. 여든여덟 살, 오 자로 굽은 할머니 다리가 위태롭게 분주했다. 할머니 옆구리에 손을 얹으면 갈비뼈가 그대로 잡혔다. 세상이 자꾸 팽글팽글 돌아 서 있기 힘들다던 할머니는 그날 자양강장제 선전에라도 캐스팅될 것 같은 스태미나를 선보였다. 할머니는 새우 맛을 보여주기로 작심했다. 대접 위엔 삶은 새우 탑이 섰다. 다 내 몫이었다. 한 마리라도 내 입으로 안 들어가면 경찰에 신고하려는 듯 할머니는 오다리 보초를 섰다. "먹어야, 다 먹어야." 오장육부 곳곳 빈틈없이 새우가 차도록 먹어젖혀 겨우 미션을 완수하자마자 할머니는 밥을 담았다. 새우 태산은 까짓 거 애피타이저였던 거다. 숟가락이 내 입으로 들어가는 게 월드컵 결승전인 양 할머니는 푹 빠졌다. 식도까지 꽉 차도록 밀어 넣어 밥 미션을 클리어 하려 하니 또 벌떡 일어나 공기에 한 주걱을 슬쩍 올렸다. 톰 크루즈도 못 당할 미션이다. "아, 배 터져요." "쬐금 먹어놓고. 더 먹어야." "배 터진다니까요." "먹어야." "배탈 나요." "먹어야." "설사해요." "먹어야." 할머니와 내가 나눈 대화는 이 "어쩔시고~먹어야~" 타령이 전부다.

내가 밥을 먹었는지 밥이 나를 먹었는지 모를 지경이 됐다. 피라는 피는 죄다 위장으로 몰린 나는 소파에 널브러져 텔레비전을 봤다. 할머니가 곁에 앉아 손을 잡았다. 할머니 손등에 도드라진 핏줄이 만져졌다. 동물 다큐멘터리가 한창이었다. 물을 찾아 헤매는 코끼리, 기린 따위 행렬이 이어지더니 해설이 흘렀다. "드디어 해갈한 기린, 목을 축이자 다른 욕망이 분출합니다." 쪼그라든 할머니와 중년의 손녀는 말없이 기린의 교미를 함께 보았다.

아무래도 결정적 장면은 자른 것 같다. 기린의 교미는 싱거웠다. 채

복숭아꽃은 피고 지고
이별할 날짜를 받아놓은 타향살이에 서글픈 장점이 있다면
목련과 복숭아꽃의 시간, 그 시간의 유한함을 체감하는 것이다.

널을 이리저리 돌리다 보니 색색깔 한복을 입은 소리꾼들이 도화타령을 부른다. "도화라지~ 도화라지~." 사회자는 '~라지'에서 목을 꺾어줘야 한다고 시범을 보였다. 노랫가락에 할머니의 깡마른 몸이 좌우로 흔들렸다.

할머니의 15평 남짓 다세대 빌라는 복숭아꽃 찾는 소리로 흥청거렸고 집 밖에선 목련이 한꺼번에 부풀었다. 곧 흐드러지게 생겼다. 그렇게 피었다가 어느새 갈변한 꽃잎을 봄비에 떨굴 것이다. 이별할 날짜를 받아놓은 타향살이에 서글픈 장점이 있다면 그 목련과 복숭아꽃의 시간, 할머니와 함께 기린의 교미를 지켜볼 시간, 어머니와 아버지가 젓가락 승부를 벌이는 시간, 그 시간의 유한함을 체감하는 것이다.

행 복
탐 구
생 활

변하거나
변하지 않거나

쿠주장포라 부탄

부탄 국적기 드루크에어가 험준한 봉우리들 사이로 빨려 드나 싶더니 파로공항 활주로다. 20분 전만 해도 구름 위로 솟은 히말라야를 찍겠다고 승객들이 창마다 다닥다닥 붙어 카메라를 들이댔다. 초등학교 운동장 세 개쯤 붙여놓은 크기의 공항 공터에 드루크에어가 승객 50여 명을 쏟아냈다. 비행기 계단을 내려오는데 산바람이 몸을 휘감았다. 공터 한쪽에 한옥을 닮은 2층짜리 공항 건물이 서 있었다. 짧은 부탄 생활의 시작이었다.

길 가다 만난 남자가 하필이면 독일인이다. 이제 독일어 좀 들리나 싶었는데 또 부탄이라니. 남편은 부탄 여성들에게 담보 없이 종자돈을 빌려줘 소득을 높일 수 있도록 돕는 '마이크로 파이낸스' 프로젝트 담당자로 독일 은행 재단에서 파견됐다. 가난하지만 국민총생산(GNP)보다 국민총행복(GNH) 지수를 높이 친다는 나라, 2년마다 객관적, 주관적 행복도를 조사해 '아직 행복하지 않은' 국민에 초점을 맞춰 정책을 편다는 나라, 국토의 60퍼센트를 숲으로 남겨야 한다고 법으로 정한 나라. 그런 부탄에 가기 전, 우리가 한 일은 사재기였다. 남편은 산에 오를 근육은 안 키우고 산악용품 몸집만 불렸다. 그는 독일인들의 풍토병인 날씨 공포증을 앓고 있다. 오리털 옷 중독 역시 중증이다. 처음엔 비웃다가 나도 슬슬 발동이 걸렸다. 일단 생리대를 사들였다. 내가 밀고 멘 가방들만 53킬로그램, 프랑크푸르트공항 에스컬레이터에서는 가방을 주체 못해 널브러진 채 안전요원이 일으켜줄 때까지 허우적거렸다.

세상에서 가장 행복한 나라로 꼽힌다는 부탄에 가기 전, 나는 개에 대한 공포에 빠졌다. 작가 마틴 위츠는 "부탄의 밤은 개가 다스린다"고 썼다. 불교 철학에 어긋난다는 이유로 길거리 개한테 중성화 수술을 시키지 않아 개체수가 사정없이 늘었다는 거다.

뭘 해야 할까. 부탄의 수도 팀푸에서 눈 뜬 첫날, 나를 덮친 건 개에 대한 두려움이 아니라 막막함이었다. 별수 있나, 무조건 밖으로 나갔다. 걷다 보니 판잣집에 빨래가 주렁주렁 널려 있고, 그 앞으로 골프 코스가 펼쳐졌다. 이 이상한 조합에 두리번거리다 골프공을 만지고 있는 청년에게 이 집의 정체를 물었다. 아디다스 추리닝을 입은 스물아홉 살 킴보는 골프장 캐디인데 이 판잣집에서 삼촌과 살고 있단다. 처음 보는 사이인데 별별 이야기를 다 한다. 그는 공부를 잘했다면 학비 없는 국립대학에 들어갔을 텐데 자기는 노래방을 너무 좋아했단다. 나도 밤새 뛰고 놀 체력이 받쳐주던 시절엔 노래방에 자주 갔다고 말했다.

그 사이 킴보의 친구 예시가 대화에 끼었다. 보건단체에서 일했다는 예시는 내가 개를 무서워한다고 하니 5년 전부터 길거리 개 예방접종과 중성화 수술이 이뤄지고 있다며 개 한쪽 귀에 살짝 잘린 표시가 있으면 마음 놓아도 된다고 했다. 중성화 수술을 하고 있다는데 골목 구석마다 죽치고 있는 강아지들은 다 뭔가. '어쩌다' 사귀게 된 이 친구들에게 연락처를 물으니 페이스북 주소를 알려준다. 예시는 아예 자기 패스워드까지 알려줬다.

이튿날, 역시 오란 데가 없다. 무작정 걷다 보니 3대 왕이 세웠다는 팀푸의 명소 '내셔널 메모리얼 초르텐'이 나온다. 3층 높이의 백색 탑 위로 금색 장식이 뾰족하다. 그 주변을 부탄 전통옷인 '키라'와 '고'를 입은 사람들이 돈다. 긴 치마와 저고리로 이뤄진 키라는 한복을 닮았다. 남성용 고는 목욕 가운 같다. 키라를 입고 벤치에 앉아 있는 두 여자에게 사진 찍어도 되냐 물었더니 또 옆에 앉으란다. '어쩌다' 두 번째 친구가 된 린진과 도지다. 린진은 인도에서 경영학을 전공했고 도지는 팀푸의 사립대학을 나왔는데 둘 다 1년째 직장을 구하지 못해 고민이다. 도지는 한국 드라마에 빠져 있고 린진은 잘 안 본다. "한국 드라마는 주인공이 자꾸 병에 걸리거나 죽으니 슬퍼서 못 보겠어요."

말할 때 소프라노처럼 목소리가 한껏 올라가는 린진이 물었다. "우리 절에 갈 건데 같이 갈래요?" 그렇게 '어쩌다' '데칭푸'까지 가게 됐다.

팀푸는 부탄에선 낮은 축에 속하지만 해발 2300미터이다. 조금만 올라가도 숨이 턱턱 막혔다. 멀리 색색의 기도 깃발이 바람에 휘날린다. 흰색 깃발들은 깎아지른 절벽 위에서 죽은 자의 영혼을 훑었다. 넋 놓고 그

어쩌다, 부탄

부탄 국적기 드루크에어가 험준한 봉우리들 사이로 빨려 드나 싶더니 파로공항 활주로다.
부탄은 그렇게 예정 없이 만난 인연처럼 나에게 왔다

풍경을 보며 걷다 보니 흙으로 지은 성채 같은 '데칭푸'가 눈앞에 섰다. 린진이 공양할 것을 사기에 나도 1000굴트룸(약 1700원)을 내고 과자 봉지 몇 개를 챙겼다. 절 안으로 들어가니 우뚝 솟은 본채에서 북소리가 들린다. 본채엔 키라를 갖춰 입은 린진과 도지만 들어갈 수 있었다.

둘을 기다리며 아무것도 모르는 '칠립(외국인)'인 내가 여기저기 사진을 찍어대자 동자승이 뿔났다. 일곱 살쯤 되어 보이는데 성깔이 대단하다. 양팔로 X자를 마구 그려대며 따라오란다. 그 권위에 코 꿰어 부속 건물로 따라 들어갔다. 노승이 창문을 등지고 앉아 불경을 읊고 있었다. 무서운 동자승이 시키는 대로 노승을 향해 세 번, 뒤돌아 불상을 향해 세 번 절하고 과자 봉지를 내놨다. 도대체 여기가 어딘지, 나는 누군지 모르겠다. 눈치를 보니 노승 옆에 앉아 손을 내밀라는 것 같았다. 엉거주춤 양손을 겹쳐 내밀었다. 동자승이 호령한다. "왼손 아래." 모아 쥔 손 위로 노승이 차를 조금 따랐다. 손짓으로 마시라기에 들이켰다. 이어 노승이 불경을 적은 종이를 내 머리에 얹고 뭔가를 중얼거렸다. 그렇게 '어쩌다' 축복을 받았다.

나중에 린진과 도지의 말을 들어보니, 그 차는 다 마시는 게 아니라 입만 축이고 내 머리 위쪽으로 흩어야 했다. 린진에게 직장을 구해달라 빌었냐고 물었더니 대답한다. "그렇게 비는 게 아니에요. 주시는 대로 그냥 받는 거예요." 이 둘도 내게 휴대전화 번호, 이메일, 페이스북 주소를 적어줬다.

절 앞에서는 새로 산 현대자동차를 놓고 차 주인이 일종의 굿인 '푸자'를 드리고 있었다. 푸자를 주재하는 스님은 쌀을 던지며 차 주변을 한 바퀴 돌았다. 전 세계에서 신호등이 없는 유일한 수도인 팀푸의 중심 거리엔 혼다, 스즈키 등 자동차 행렬이 쉴 새 없이 이어졌다. 여기서 3년째 산 독일인 수산나는 "그새 차량이 2배는 늘었다"고 했다. 부탄 법에 따라 6층 이상의 고층건물은 없었지만 도시 여기저기서 공사 중이었다. 새 건물이라도 파사드(정면)는 전통 양식을 따라야 한다. 전통옷 고를 입은 남자와 청바지를 입은 청년이 앞뒤로 서서 현금인출기에서 돈을 뽑는다. 아이폰6의 선전 포스터가 붙은 한 마트엔 한국 라면이 진열돼 있다.

생리대는 왜 사온 걸까? 히말라야 산맥 안에 웅크린, 외딴 행복의 섬일 줄 알던 팀푸는 변화의 급류를 아슬아슬하게 타고 있었다. 그 속도 따위 아랑곳없이 개들은 몸을 말고 중앙분리대나 화단 여기저기서 잠을 잤다. 전통옷과 청바지, 국왕의 초상화와 한국 드라마 포스터, 개와 자동차가 뒤섞인 여기가 어디인지 아직 모르겠다. 그래도 마음이 놓이는 건 이곳은 '어쩌다'의 행운이 아직 통하는 도시라는 점이다. 문만 열고 나가면 친구가 된다. "쿠주장포라(안녕하세요)?"

부탄의 동자 스님

"세상사에서 벗어나 도를 닦는 게 얼마나 자유로운지 몰라요. 얽매는 게 없고 걱정이 없잖아요."

팀푸의 낮과 밤 사이

부탄에서 첫 토요일, 아침 8시부터 동네가 시끌벅적했다. 팀푸 시내 중심 광장인 시계탑 주변으로 전통식 교복을 입은 학생들이 모여들었다. 손에 책 한 권씩을 들었다. 다 영어책이다. 선생님들의 구호 소리가 마이크로 울렸다. 아이들 500여 명이 정렬해 자리를 잡자 4대 국왕의 환갑 맞이 책 읽기 행사가 시작됐다. "읽는 사람이 쓰는 사람이 되고 쓰는 사람이 이끄는 사람이 됩니다." 키라를 입은 열 살 소녀가 똑 부러진 영어로 대표 연설을 했다. 이어 20여 분 동안 다 같이 침묵 속에 책을 읽었다.

개들마저 조용한 와중에 열한 살 소년 페마는 근질근질한가보다. 두루마기 형태의 고에 긴 양말을 신은 그는 '라면땅'을 닮은 과자를 살짝 꺼내 부숴 먹었다. 인도 과자인데 양파오일을 뿌려 먹는 것만 빼면 내가 한국에서 중독됐던 바로 그 맛이다. 사진 찍어도 되냐니까 갑자기 책을 펼쳐 들고 읽는 포즈를 취했다.

페마보다 세 살 많은 초뎀은 정신연령으로 보면 누나라기보다는 이모다. 단짝 친구인 칼둥과 우산을 나눠 썼다. 햇살이 쨍했다. 둘이 들고 있는 영어책 두께는 300쪽은 족히 넘어 보인다. 칼둥은 수줍어하고 초뎀은 카리스마가 있다. 문장 마지막까지 힘주어 읽는다. 엄마뻘인 내가 주눅이 들었다. 나보다 영어가 유창하다. 그 친구들은 부탄 공식 언어인 종카어보다 영어로 읽고 쓰는 게 더 편하단다. 쐐기 형태의 종카 문자는 어찌나 복잡한지 부탄 사람들한테도 단어마다 지뢰밭이다. 모험소설을 좋아한다는 초뎀은 일본에서 건축공학을 공부하고 싶다고 했다. "부탄 전통이 자랑스러워요. 외국인들이 다 그래요. 오염되지 않고 특별하다고요. 그래도 세상이 변하는데 우리만 가만히 있을 순 없다고 생각해요. 팀푸를 현대적인 도시로 만들고 싶어요." 친구 칼둥은 나중에 한국에서 영화배우가 되고 싶다더니 까르륵 웃었다. 무대엔 초록색, 파란색 옷을 입은 아이들이 쭈뼛거리며 서 있고 곰으로 분장한 소년이 그 사이를 정처 없이 오락가락했다. 초뎀은 사는 동네 이름과 부모님 핸드폰 번호를 적어줬다. "우리 집에 놀러 오세요."

'종카 랭귀지 스쿨'은 산 중턱에 난데없이 서 있었다. 택시 운전사는 비포장도로를 아슬아슬 올라가며 추가 요금을 불렀다. 외국인인 내가 다짜고짜 종카어를 배우겠다니까 학교 안내실 직원이 난감해했다. 여기는 어학원이 아니라 한국으로 치자면 외국어고등학교쯤 되는 곳이란 걸 나중에 알았다. 직원이 '칠립' 폭탄을 교장 선생님에게 넘겼다. 설립자인 타시다. 배우 백일섭을 닮았다.

팀푸,
오후 5시

"나는 오전 9시부터 오후 5시까지만 부탄 사람인가봐."
오후 5시, 퇴근 러시아워가 끝난 뒤 밤의 팀푸는 옷을 갈아입는다.

부탄에선 여섯 살에 초등학교에 입학한다. 수업은 영어로 한다. 종카어로 가르치는 수업은 두 과목, 종카와 문학뿐이다. 종카어가 공식 언어이지만 네팔어, 샤르촙어까지 대표 언어만 세 가지다. 11, 12학년이 되면 학과정이 예술, 과학, 경제로 나뉜다. 앞으로 전공하고 싶은 분야를 대충 정하는 거다. 국립학교는 전 과정이 무료인데 사립학교는 1년에 약 55만~85만 원을 내야 한다. '종카 랭귀지 스쿨'은 부탄에서 유일하게 종카어에 방점을 둔 사립학교다. "언어를 잃는 건 우리 문화를 잃는 거예요. 종카어는 불교사상에 맞닿아 있는 언어라고요."

타시는 3년 전 사비를 털어 학교를 세웠는데 입학생 수가 2014년 273명에서 1년 만에 120명으로 반 토막 났다. 내년엔 더 줄까봐 속이 탄다. "돈 있는 집 부모들은 자식들한테 경제나 공학을 가르치고 싶어 하죠. 종카어는 '라스트 초이스'인 것 같아요."

타시의 또 다른 걱정은 딸 넷이 한국 드라마라면 사족을 못 쓴다는 거다. 아무리 잔소리를 해도 귓등으로도 안 듣는단다. 나는 말 안 듣는 거야말로 진정한 딸들이란 증거라고 위로했다. 그래도 딸들이 공부를 잘한다며 은근히 자랑했다. 큰딸은 국립대학에서 경제학을 전공하고 나머지 셋은 다른 사립학교에 다닌단다. 왜 이 학교에 안 보냈냐고 물으니 타시가 당황했다. "하하, 좋은 질문이에요." 부탄 백일섭 씨의 볼이 붉다. "저도 아버지잖아요. 이 학교 나와 딸들에게 좋은 미래가 열릴까 걱정되는 거죠."

타시는 부처님상이 모셔진 학교 제단 사진 촬영도 허락해줬다. 음악실에선 기타를 닮은 전통 악기의 현도 몇 가닥 튕겼다. 멋지다니까 "치는 척만 해본 거"라며 쑥스러워했다. 오전 8시부터 오후 2시까지 수업이 이어지는데 막 점심시간이 됐다. 책상을 붙여 둘러앉은 학생들은 보온도시락 통을 꺼냈다. 운동장 농구 골대 옆에 앉은 여학생 두 명은 니컬러스 스파크스의 《러브스토리》를 읽었다. 한국에서 왔다니까 난리다. "〈드림하이〉를 좋아한다"며 한국인들은 다 그리 예쁘고 피부가 곱냐고 하기에 날 보라고 답해줬다.

낮의 팀푸 거리를 거닐면 족히 반 이상은 전통옷 차림이다. 직장이나 학교 등에선 전통옷이 필수다. 특히 행정기관이자 종교기관인 '종'에 갈 때는 키라와 고 위에 숄 형태인 라추도 걸쳐야 한다. 네마는 "키라를 입으면 우아해지는 느낌이 든다"며 "특히 긴 치마라 신발을 아무거나 신어도 되는 게 편하다"고 했다. 오후 5시, 퇴근 러시아워가 끝난 뒤 밤의 팀푸는 옷을 갈아입는다. 명동 거리에 데려다놔도 어색하지 않을 멋쟁이들이 술집으로 향한다. 부탄 남자 킹가는 우스개처럼 말했다. "나는 오전 9시부터 오후 5시까지만 부탄 사람인가봐." 전통옷 입은 모습만 봤던 킹가가 가죽점퍼와 찢어진 청바지 차림으로 나타났을 때 나는 그를 한눈에 알아보지 못했다.

이보다 더 뜨거울 순 없다

"켈러 드룩파!(위대한 부탄)" 러시아월드컵 1차 예선, 중국 대 부탄 경기가 시작되기 두 시간 전. 팀푸 창리미탕 스타디움에 자리 잡은 청년의 목은 벌써 쉴 태세다. 청년이 벌떡 일어나 용이 중앙에 버티고 있는 국기를 흔들자 한바탕 '부탄' 연호가 터졌다. 부탄에 하나뿐인 이 스타디움엔 좌석이 없다. 시멘트 바닥이다. 300눌트룸(약 5000원)짜리 표를 끊고 선착순으로 앉는다. 한쪽 구석에 앉은 중국 원정 응원대 100여 명을 빼면 경기장은 온통 부탄 국기 색깔인 주황과 노랑 판이다. 분위기는 이미 이긴 것 같다. 이쪽 끝에서 저쪽 끝까지 물결 응원이 몇 번을 오갔다.

이 흥분 속에 키라를 입고 새초롬하게 앉아 있는 초덴에게 승부 예상을 물었다. "7 대 1이요." 중국이 7골이란 얘기다. 며칠 전 홍콩전에서 부탄은 7 대 0으로 깨졌다. 초덴의 예상은 낙관적인 축이다. 틴리는 "두 자릿수로 지지만 않아도 좋겠다"고 귓속말을 했다. 이기지 못할 거란 걸 세 살짜리 애도 아는 분위기다. 그러거나 말거나. 부탄 선수가 입장하자 난리가 났다. 몸 푸는 부탄 선수들이 빈 골대에 킥 연습을 하는데 마치 실전인 양 한 골 들어갈 때마다 환호가 터져 나왔다.

경기 시작 5분 만에 중국팀이 세 번이나 찬스를 맞았다. '부탄 골키퍼 하리 대 중국팀 전체' 같은 경기가 진행됐다. 경기장을 반으로 접어놓은 듯 부탄 골대 쪽에만 선수들이 바글바글했다. 중국 골키퍼는 가만히 서 있으려니 한기가 드는지 혼자 제자리 뛰기를 하며 외롭게 몸을 풀었다.

그래도 '에헤라디야'다. "예스, 예스, 올레, 올레." 부탄 관중들이 흥분했다. 포효 같은 환호다. 골인? 아니다. 부탄 선수가 한 명이라도 중앙선을 넘어가 헛발질이라도 하면 경기장은 감격의 도가니탕으로 들끓었다. 중국 선수가 절호의 찬스를 놓치는 그 깨알같이 많은 순간마다 관중은 자지러졌다. 중국팀은 고산병을 앓는지 부탄 골대 주변을 그렇게 맴돌고도 막판에 어쩌다가 한 골 넣은 것으로 전반전을 마쳤다.

정확히 그 공이 어떤 발에 걸쳐, 어떻게 들어갔는지 관중은 잘 못 봤다. 전광판이 없다. 경기장 한쪽 끝에 웅크리고 앉아 있는 사내가 판을 뒤로 넘기자 숫자가 바뀌었다. 점같이 보인다. "1 대 0."

후반전, 부탄 선수들은 마치 예의에 어긋나는 일인 양 중앙선을 넘으려고 하지 않는다. 어쩌다 한 명만 외롭게 남의 영토로 살짝 넘어갔다 돌아오곤 했다. 중국 선수들은 이제 발의 감각을 찾았는지 10분에 하나씩 골을 넣어댔다. 중국 응원단 100여 명은 첫 골엔 확성기로 노래를 부르며 환호하더니 나중엔 좀 시들해진 눈치다. 골을 넣어도 당최 잘 안 보인다.

6 대 0이었다. 저녁 8시쯤 경기가 끝나자 비가 추적이기 시작했다. 그

또 다른 파이널

그날 부탄 라디오는 이렇게 방송을 맺었다.

"화합과 희망을 보여준 아름다운 경기였습니다. 좋은 꿈 꾸세요."

런데 분위기가 심상치 않다. 부탄 관중들이 "올레, 올레" 노래를 부른다. 혹시 점수판이 잘 안 보여서 이긴 줄 아는 건 아니겠지. 이상해서 옆 사람에게 실망하지 않았느냐고 물었다. 마흔 살 체럼은 "쿠웨이트 상대로 20 대 0으로도 진 적이 있다. 이 정도면 잘했다"고 했다. 열아홉 살 소남은 고를 입은 단정한 학생이다. 수줍어서 입을 조금만 벌려 답했다. "두 팀 다 굉장히 뛰어났어요."

탄딘은 우스개로 말했다. "중국팀은 프로야. 그런데 우리 선수들도 다 프로야. 선생님, 학생……." 부탄 대표팀 주장인 카르마 셰드럽 체링은 부탄 국적기 드루크항공 기장이다. 10대 선수들 중엔 학생이 많다. 14년 동안 국가대표로 뛴 마흔두 살 우겐 도지는 이렇게 회상했다. "우리 집은 산골짝에 있었지. 공이 없어서 천 같은 걸 둘둘 말아 차고 다녔어. 돈 주는 클럽도 거의 없고 국가대표라고 월급이 나오는 게 아니니 직업이 없으면 힘들지. 나는 수력발전소에서 일했는데 출근 전 두 시간, 퇴근 뒤 두 시간 훈련했어. 축구가 좋아 뛰는 거지."

져도 무조건 좋은 축구의 고갱이는 2002년 월드컵 기간 벌어진 '또 다른 파이널', 부탄 대 몬트세랫 경기가 보여줬다. 네덜란드 광고 기획자 두 명이 FIFA(국제축구연맹) 랭킹 최하위 두 나라에 팩스를 보냈다. 203위 몬트세랫과 202위 부탄이다. 그렇게 부탄에서 세기의 경기가 벌어졌다. 다큐멘터리 〈디 아더 파이널〉을 보면 당시 경기 해설자는 상황을 이렇게 전했다. "네, 몬트세랫 골키퍼는 자신이 무슨 일을 하는지 알고 있는 것 같습니다. 공을 참니다. 아쉽게도 다른 편 선수에게 찼네요." 경기 도

중에는 개 한 마리가 경기장으로 난입해 뛰어다녔다. 결과는 4 대 0. 부탄이 이겼다.

두 팀은 트로피를 함께 들어 올렸다. 그리고 잠시 뒤, 트로피는 두 팀이 반쪽씩 나눠 가졌다. 부탄 어린이들이 운동장으로 뛰어 들어와 몬트세랫 선수들을 둘러싸고 사인을 받겠다고 떼로 손을 뻗어댔다. 개만 빼고, 아이들과 어른, 부탄과 몬트세랫의 선수들은 손을 잡고 강강술래를 돌았다. 그날 부탄 라디오는 이렇게 방송을 맺었다. "화합과 희망을 보여준 아름다운 경기였습니다. 좋은 꿈 꾸세요."

운전 배우다 득도하겠네

운전면허 학원을 다니다 득도할 것 같았다. 운전을 가르치는 곳이 아니라 인내를 단련하는 곳이 아닌가 의심스러웠다. 수동 기어 차를 몰려니 엄두가 안 나 학원에 등록했는데 이러다 도인이 돼 날게 되는 건 아닐까 싶었다.

첫날, 시뮬레이터로 연습한다. 딱 두 대 있는데 한 대는 망가졌다. 수강자는 12명이다. 한 사람이 5분씩 전자오락기 같은 시뮬레이터 앞에 앉아 차를 모는 시늉을 했다. 칼같이 5분씩만 해도 60분인데, 강사가 설명을 하네, 질문이 있네, 시동이 꺼졌네, 하며 시간이 간다. 두 시간을 기다렸다. 몸속 시한폭탄이 째깍거렸다. 평정심을 유지하려고 책을 폈지만 한 시간이 넘자 눈에 헤드라이트가 켜졌다. 외로웠다. 주위를 둘러보니 눈 돌아간 사람은 나밖에 없다. 이 12명은 대체 뭔가. 학원에서 고용한 사람들인가? 나 말고 아무도 불평하지 않았다. 옆 사람한테 물어봤다. "이렇게 무턱대고 기다리는데 화가 안 나요?" "화내면 뭐가 바뀌어요?" 사실 맞다. 내 화가 시뮬레이터를 고치는 건 아니다. 내가 다른 곳에 있었다 쳐도 그 두 시간 동안 세상을 구했겠나? 여기나 저기나 내 두 시간은 그게 그거인 셈이다. 그날 묵주도 샀다. 화가 치고 올라와 이성을 집어삼키려 들면 이걸 돌려서 마음을 가라앉힐 생각이었다. '개성질'을 위한 고삐다.

성질나서 결국 묵주를 던졌다. 결국 사무실로 쫓아가 환불 소동을 벌였다. 이런 사태를 대비했는지 학원 앞에 이런 문구가 붙어 있다. "1분만 참으면, 화내고 100분 후회할 일 없다." 됐다. 나는 깽판치고 후회하련다. 그런데 또 환불 소동을 벌이는 손님이 나 하나였다. 담당자는 참으로 평온하게 환불은 안 된단다.

모의 주행 땐 수강생이 더 늘었다. 차는 석 대. 가다 서다 연습을 하는데 두 시간에 겨우 5분 운전대를 잡았다. 밖에서 차례를 기다리는데 의자도 없다. 비까지 추적인다. 해가 졌다. 나는 지는 해에 호통을 쳤다. "이럴 수는 없는 거야!" 다른 부탄 수강생들이 쳐다봤다. 나를 두려워하는 것 같았다. 한 청년은 자기가 나서 강사에게 나 먼저 가르쳐달라고 부탁했다.

이렇게 두 시간씩 매일 기다리다 보니 수강생들이 절친이 된다. 애인하고 어떻게 만났는지, 애들은 잘 크는지, 별별 얘기를 다 한다. "화를 내지 않는 방법이 뭐야? 비법이 있으면 알려줘." 공무원인 한 수강생의 비법은 옆 사람에게 말 걸기다. "이야기하다 보면 시간이 훌쩍 가잖아." 다른 수강생은 좋았던 추억을 떠올린단다. 이 두 유부녀 수강생은 나에게

"다만 이 비법이 남편한테 화났을 때는 통하지 않는다"고 했다. "남편에게 나는 화를 다스리는 경지에 오른다면 더 배울 것이 없다"고 했다. 다른 수강생들의 알뜰한 가르침에도 나는 학원을 떠났다. 한국 면허증으로 운전할 수 있으니 수동 기어를 대충 알겠다 싶었을 때 바로 그만둬버렸다. 남은 친구들은 운전면허증의 인질이었다. 석 달을 매일 이렇게 운전면허 연습장에서 기다림의 도를 닦아야 시험을 치를 수 있다.

내가 한국어를 가르치는 스물여덟 살 남자 텐진이 여행사에서 주로 하는 일은 항공권 발권이다. 부탄으로 들어오는 항공사는 드루크항공과 부탄항공 딱 두 개밖에 없다. 그러니 예약 하나 하려면 한나절은 잡아야 한다. 그 친구 일은 그 사무실에 죽치고 앉아 있기다. 그런데 재밌냐고 물어보면 "아주 재밌다"고 한다. "여행사 직원들 다 여자예요. 같이 기다리면 아주 재밌습니다. 이제 다 친구예요." 반목하는 세계 지도자들을 모두 모아 부탄 운전면허 학원에 같이 등록시키거나 함께 항공권을 끊게 한다면 그 긴 시간, 마음을 나눠 세계평화를 이룰지 모르겠다.

미칠 지경으로 기다린 게 운전할 때는 도움이 된다. 부탄엔 신호등이 없다. 그런데 네거리에서 다들 알아서 잘 다닌다. 그냥 웬만하면 기다려준다. 주행이 한국과 반대 방향이다. 한번은 내가 당당하게 역주행을 했는데 나랑 마주 보게 된 차들이 경적 한번 울리지 않았다. 가만히 멈춰서서 내가 제정신이 들 때까지 기다렸다.

이곳 드루크항공사는 가끔 손님 가방을 제때 나르지 않는다. 그것도 부탄 사람들 것만 뺀다. 한번은 짐이 대규모로 파로 공항에 도착하지 않았다. 나중에 도착한 짐을 집으로 배달도 안 해준다. 공항까지 가서 줄서서 자기 짐을 찾아야 한다. 그런데 불평을 안 한다. 불평을 안 하니까 항공사가 그렇게 할 수 있는 거다. 직장 다니는 남곌은 일하고 있을 시간인 오후 3시에 공항으로 와 짐 찾아가라는 전화를 받았다. 남곌은 조용히 전화기를 한국인 부인에게 넘겼다. 싸움은 한국인 부인이 잘한다. 남곌의 짐은 집까지 배달됐다.

이 놀라운 참을성이 다 좋은 건 아니다. 약자에게 부당하게 불이익을 줘도 불평하지 않으니 기득권은 만사태평, 의기양양일 수 있다. 운전면허 학원에서 만난 한 수강생은 이렇게 말했다. "부탄 사람들은 어떤 사태가 벌어지면 그냥 받아들여. 이게 정신건강엔 좋지. 그런데 만약 너희 나라에서 시뮬레이터 하나가 망가져서 이렇게 손님들이 기다린다면 사람들이 화를 내겠지. 그러면 회사에서 시뮬레이터를 훨씬 빨리 고칠 거야. 여기선 아무도 고치지 않아. 수강생들은 계속 기다려야 해. 아무도 불평하지 않으니까."

고향으로 가는 길

무슨 차건 다 달구지로 만드는 평등한 길이다. 어쩌다 말끔하게 포장된 길을 만나면 웬 호강인가 싶다. 단 1킬로미터도 직선 구간 없이 준령 옆구리를 따라 구불거린다. 팀푸에서 동쪽으로 트롱사까지 가는 1차선 도로의 이름은 '내셔널 하이웨이'다. 인도산 타타 소형 트럭으로 196킬로미터를 달리는 데 10시간 걸렸다. 그 길 위에서 동승자 베른트는 두 번 토했다. 트롱사에 도착했을 때는 핏기 없는 인간 단무지가 돼 있었다.

킹콩이 낸 손톱자국 같은 길이다. 차도 옆으로 까마득한 벼랑이다. 반대쪽은 거대한 히말라야의 몸통을 할퀴어 난 벌건 상처가 그대로다. 우기가 오면 그 상처에서 딱지처럼 흙더미가 쏟아져 길을 막아버리곤 한다. 스페어타이어와 삽이 기름만큼 필수다. 벼랑 쪽으로 안전울타리가 세워진 곳은 500미터 정도의 구간뿐이다. 그 가장 위험해 보이지 않는 구간에 팻말이 하나 서 있다. '위험 구간.' 운전자가 말했다. "여기만 위험하다는 거야? 이거 무슨 유머야?"

인도에서부터 달려온 대형 트럭이 코앞까지 들이닥친다. 헤드라이트 위에 번쩍 뜬 사람 눈이 그려진 차다. 차 옆면엔 '굿 럭'이라 적고 온갖 색깔로 장식했다. 각도 깊은 S자로 길이 꼬부라지니 반대편에서 달리는 차가 안 보이다 갑자기 달려든다.

그리고 길 한가운데 난데없는 소떼다. 주인은 코빼기도 안 보인다. 대체 이 소들이 어디서 온 건지 모르겠다. 소들은 길바닥에 배를 깔고 앉은 자세를 좋아했다. 경적이 울리면 큰 눈을 껌벅이며 일어나는데 엄청난 슬로모션이다. 바쁜 거야 니들 사정인 거다. 성질 급한 운전자는 차 문을 열고 소꼬리를 잡아당기기도 하는데, 그래 봤자 소의 시간은 천천히 흐른다. 개도 길에 누워 배 찜질을 한다. 그나마 개는 인간의 성미를 아는지 재빠르다. 문제는 소보다 작다는 거다. 정신 바짝 안 차리면 개 비명 메아리를 듣게 된다. 원숭이도 출몰한다. 다행히 겁이 많아 후다닥 도망친다. 하지만 길 사랑엔 뭐니 뭐니 해도 염소를 따를 자가 없다. 특히 인도 쪽 평지로 내려가면 염소들이 잰걸음 친다. 어미가 새끼까지 달고 길 한복판으로 마실을 나온다. 인도 트럭들이 맹수처럼 돌진하는 한가운데 다소곳이 앉아 명상에 들어간다.

그리고 안개. 여름에 해발 3000미터를 넘어가면 안개가 차체를 휘어감는다. 트라시강에서 붐탕으로 이어지는 구간은 특히 악명 높다. 부탄인들은 그 구간에 진입하기 전에 기도를 드린다. 안개의 입속이다. 바로 1미터 앞 차 꽁지만 보인다. 이 길에서 깜박 졸다 그대로 벼랑 아래로 떨어진 사고가 여러 번 있었다.

이 길에서 운 좋게 우리를 가로막은 것은 '부탄-9' 표지판을 단 검은색 도요타 프라도였다. 로열패밀리 차다. 추월금지다. 이런 좁은 길에선 반대 방향 차도 일단 길가로 붙어야 한다. 프라도 앞뒤로 두세 대가 더 수행중이다. 그 끄트머리를 잡고 안개의 미로를 빠져나왔다.

운이 없으면 길 복판에서 한 시간 반씩 죽치고 있어야 한다. 여기저기서 차도를 넓히는 작업 중인데 한 시간 반을 막아 놨다 30분을 열어주는 식이다. 첫 번째 장애물은 한 시골 마을 입구에서 나왔다. 위성 텔레비전 안테나를 단 판잣집 대여섯 개, 식당과 구멍가게가 전부인 마을이다. 길 한복판에서 대여섯 살짜리 여자아이가 오줌을 눴다. 두 번째로 산 중턱에서 길이 막혔다. 군것질거리를 파는 아낙들이 꾸러미를 풀고 있다.

길이 다시 열리길 기다리다 보니 발 묶인 다른 사람들과 말을 트게 된다. 흰색 헤드폰을 쓴 데신은 고향에 가는 중이었다. 수도 팀푸에서 간호학교를 다니는 데신은 산파 실습을 마지막으로 3년 정규 과정을 마쳤다. 부모님은 산자락에 옥수수를 키운다. 내다 팔기에는 도시까지 거리가 멀다. 자급자족용이다. 현금은 어머니와 누이가 옷감을 짜서 조금 만져보는 정도다. "학교가 공짜라 여기까지 왔죠. 간호학교 다닐 때는 나라에서 숙식을 해결해주고 용돈도 좀 줬어요. 그래도 누나가 없었으면 불가능했을 거예요. 삼남매 중에 누나만 학교를 다니지 못했어요. 살림에 보탤 옷감을 짜야 했거든요." 데신이 수도 팀푸에서 고향 트라시양체에 도착하는 데는 이틀이 걸린다.

구름인지 안개인지가 달리는 자동차를 파리인 양 삼켰다 뱉었다. 몸

내셔널 하이웨이
바쁜 거야 니들 사정인 거다. 그래 봤자 소의 시간은 천천히 흐른다.

통 길이가 10층 높이는 돼 보이는 나무들은 머리 위에만 잎을 얹었다. 가지마다 부탄 사람들이 '할아버지 수염'이라 부르는 이끼가 치렁치렁하다. 그 육중한 나무들도 고도가 높아지자 하나둘 자취를 감췄다.

인도 노동자들이 보인다. 도로 공사 현장마다 주말 없이 일하고 일당 300눌트룸(약 5000원) 받는 사람들이다. 슬리퍼 신고 맨손으로 일한다. 인도는 부탄 도로 건설의 주요 돈줄이기도 하다. 10대 소녀 둘이 삽 하나에 밧줄을 묶어 흙을 퍼냈다. 정으로 깬 돌을 자루에 담고 옮긴다. 그들의 집은 공사장 바로 옆에 있다. 녹슨 슬레이트 판을 얼기설기 엮은 집이다. 창문도 없다. 말 그대로 깡통집이다. 부모를 따라온 아이들은 공사장 흙탕물 웅덩이에 자갈을 던지며 놀았다. 한 부탄 관료는 말했다. "1960년에 고속도로 건설이 시작됐죠. 첫 고속도로는 인도 국경마을인 푼촐링에서 수도 팀푸를 이었어요. 거의 인도 노동자들이었는데, 얼마나 죽었는지 몰라. 하여간 하나는 확실하죠. 많이 죽었어요."

수도 팀푸의 도로 사정이야 다른 지역에 비하면 매끈한 편이다. 그래 봤자 시속 30킬로미터 이상 밟기 힘들다. 얽은 자국투성이에 움푹 팬 곳마다 개들이 몸을 돌돌 말고 앉아 있다. 그 길을 기어가는 빨간 포르셰를 딱 한 대 본 적 있다. 하도 천천히 달리기에 오래 쳐다볼 수 있었다. 궁금했다. 시속 50킬로미터도 못 밟는데 어쩌자고 포르셰를 샀을까? 이 길에선 포르셰도 달구지인걸.

어린 히치하이커와 겜블러

팀푸에서 동쪽으로 250킬로미터 떨어진 붐탕, 그곳에 있는 탕 고갯길은 그야말로 고개가 꺾이는 길이다. 나와 탄딘을 태운 타타 소형트럭은 비포장 신작로를 타고 산을 기어 올라가며 앓는 소리를 해댔다. 그때 그 길을 가던 네댓 살 정도 된 아이가 갑자기 손을 번쩍 들더니 차에 태워달란다. 흙먼지를 뒤집어썼는데 짧게 자른 머리카락은 까슬까슬하고 볼은 복숭아빛이다. 발목에서 몇 번 접어 올린 추리닝은 원래 군청색이었을 것으로 추정되는 흙색이다. 엉덩이까지 처지는 배낭을 멘 소년은 차문을 열어줬더니 덤덤한 표정으로 풀쩍 올라탔다. 자기 차를 타는 듯 자연스럽다.

"어디 가?" 탄딘이 종카어로 물었다. 무심히 창밖을 보던 소년이 뭐라하는데 이 지역에서만 쓰는 말이다. 탄딘이 겨우 알아낸 것은 "두 살, 붐탕, 아빠, 위쪽"이 다다. 탄딘과 나는 당황했다. "우리 지금 유괴하고 있는 거야?" 우리 속이 타건 말건 소년의 짧은 머리카락이 바람에 파닥거렸고 소년은 태평했다. 맨발에 걸린 슬리퍼가 벗겨질 듯 말 듯 달랑거렸다.

"두 살 같지는 않은데. 애 아빠가 붐탕 시내에 있는 게 아닐까? 거기로 갈까?" 탄딘이 고개를 저었다. "아니야. 우리 오빠도 어릴 때 만날 길 잃어버렸거든. 그때 사람들이 데려다주려고 어디 사냐고 물어보면 지금 사는 데가 아니라 5년 전 살던 큰 도시 이름을 대곤 했어. 애가 걷던 방향도 그렇고, 위쪽이라니까 그쪽 동네로 가보자." 소나무들이 획획 지나갔다. 옆에서 무슨 토론이 벌어지건 말건, 소년은 두 손을 열린 창문 밖으로 뻗어 바람을 잡았다 놓았다. 솔 향이 휘감았다.

속수무책으로 산을 올라가다 처음으로 한 무더기 동네 사람들을 만났다. 건설 현장이었다. "이 애를 아세요?" 탄딘이 소년과 함께 내리자 머리에 흰 수건을 만 중년 여자가 뛰어나왔다. "아이고, 내 애예요." 소년은 엄마 품에 푹 안겨 고개만 우릴 향해 젖혔다. 입꼬리가 올라간 입술이 발갰다.

두 번째 히치하이크 아이들은 그래도 말이 드문드문 통했다. 윗동네에 사는 여섯 살에서 아홉 살 사이 꼬마 일곱 명이다. 좌석이 모자라서 두 명은 나랑 같이 짐칸에 탔다. 시동은 자동차에만 걸린 게 아니었다.

"이야~!" 차가 덜컹거릴 때마다 짐칸에 탄 우리는 이리저리 튀었는데 애들 입이 헤벌어졌다. 롤러코스터 따위는 댈 바가 아니다. 바람과 섞인 구름이 쏟아져 내렸다.

짐칸에 탄 두 애들은 거의 엑스터시 상태가 됐다. 그때 차 안에 앉은 여자애가 훌쩍이기 시작했다. "우리 집은 위쪽인데 차가 지금 아래로 가

게임의 달인

말은 안 통해도 게임의 규칙은 통했다. 주사위 하나에 해가 저물게 생겼다.

고 있어요." 그 애만 사태를 파악하고 있었다. 나머지 애들한텐 지금 여기가 어디인지, 이들은 누구인지 알 바 아니었다. 지금 솔바람이 콧구멍으로 들어가 똥구멍을 관통하는 중인데 목적지 따위야 모를 일이다. 똑부러진 여자아이 덕에 우린 집단유괴를 면했다. 애들은 하늘에 닿은 자기 동네에 도착했다. 동구 밖에 쪼르르 서서 차가 사라질 때까지 손을 흔들었다. 탄딘은 걱정을 쏟아냈다. "부탄 시골 부모들은 너무 속이 편해. 애들한테 낯선 사람 조심하라는 주의를 안 주잖아. 유괴당하면 어쩌려고 그러는지 몰라." 짐칸에 탔던 애들, 너무 흥분했나보다. 필통을 두고 갔다. 찌그러진 철제 필통 안엔 손가락 한 마디만 한 몽당연필이 대여섯 자루, 금이 간 플라스틱 컴퍼스 하나, 원래는 흰색이었을 새카만 지우개가 하나 들어 있다.

붐탕 시내에서 외곽으로 한 시간여 떨어진 니마 할머니 집에 도착했다. 집에 들어섰는데 누구까지가 가족인지 모르겠다. 한쪽 방엔 동네 할머니들이 모였고 부엌 텔레비전 앞엔 꼬마들이 만화영화 〈톰과 제리〉를 보고 있다. 니마 할머니의 손가락 관절은 뭉툭하고 손끝은 갈라졌다. 내가 찍은 사진을 보여주자 니마 할머니가 배시시 웃었다.

니마 할머니가 연신 사진기 액정 화면으로 자기 얼굴을 보는 사이 손녀 데신은 이 부탄 사람처럼 생긴 '칠립'의 간을 봤다. "몇 살이에요?" "동생 있어요?" "과자 먹을 줄 알아요?" 그렇다니까 볶은 옥수수 알갱이를 내왔다. "차 마실 줄 알아요?" 이번엔 우유를 탄 홍차다. 이 호기심 많은 열 살 소녀는 내가 옥수수 먹는 걸 구경하더니 결론을 냈나보다. 주사위를 하나 가져온다. "던질 줄 알아요?"

그렇게 주사위 게임판이 벌어졌다. 데신의 사촌 아홉 살 소모노가 합세했다. 말은 안 통해도 게임의 규칙은 통했다. 주사위를 던져 가장 큰 숫자가 나온 사람이 이기는 거다. "6이다!" 데신의 눈이 동그래졌고 소모노는 의기양양해졌다. 소모노가 판돈을 올렸다. 이긴 사람이 진 사람 손목 때리기를 하잔다. 부탄 말로 '차메'란다. 이거라면 자신 있다. 어릴 적 손목 때리기로 가볍게 시작한 게 나중에 머리끄덩이 잡기로 끝난 적이 한두 번이 아니다. 데신과 소모노는 가차 없이 온 힘을 두 손가락에 실어 날렸다. 그나마 나한테는 손목만 살짝 스치는 걸로 관용을 베풀었다.

이 게임의 마력은 대체 뭘까. 〈톰과 제리〉를 보던 애들까지 몰려들었다. 니마 할머니가 나를 위해 방석을 가져왔는데 겉감이 해져 속이 보였다. 소모노가 그 방석을 빼 주사위 판으로 쓰려 하니 할머니가 소모노의 등짝을 때렸다. 그러거나 말거나 주사위는 돌았다. 게임이 중단된 순간은 딱 한 번, 나무판을 얼기설기 이어 만든 바닥 아래에서 쥐가 나타났을 때다. 판 사이 이가 벌어져 있는데 그 아래로 쥐가 코를 들이미는 게 보였다. 데신은 별것 아니라는 듯 두 발로 쾅쾅 바닥을 굴렀다. 그리고 다시 게임은 시작됐다. 주사위 하나에 해가 저물게 생겼다.

그 남자의 패션 센스

솔직히 덴실은 뭔가 불량해 보였다. 트라시강은 부탄에서도 동쪽 산골짜기다. 도시라고 해봤자 중심 거리 주변으로 선 건물 몇 채가 다다. 그 트라시강에서 비포장도로를 타고 쿨럭쿨럭 산을 오르면 하늘에 가까운 마을이 나온다. 그 마을에서도 꼭대기에 스님 체왕과 그의 스승이 단둘이 사는 절이 한 채 있다. 이 건달 행색의 남자는 그 절 앞에 스님 체왕과 함께 있었다.

내가 본 그는 이랬다. 살집이 있는 덩어리 몸집인데 웃통에 딱 붙는 검은 민소매 러닝셔츠를 입었다. 그 아래는 펑퍼짐한 바지가 펄럭였다. 허리춤을 대충 동여매 그가 앉았다 일어날 때마다 바지가 내려갈까 나도 모르는 사이 엉덩이가 쪽을 빤히 보게 된다. 굵고 뭉툭한 오른손 손가락엔 금반지가 '여봐라' 호령했다. 왼손엔 손가락 한 마디의 반을 가리는 굵은 은반지가 딱 버티고 있다. 그것도 모자라 팔목엔 치렁치렁 은팔찌가 흔들거렸다. 목에 늘어뜨린 염주 목걸이마저 불경해 보였다. 이 뺀질거리는 스타일을 완성한 것은 젤 발라 한 올 한 올 세워 올린 머리였다. 어디까지나 내가 보기에 그랬다는 거다. 그는 스님과 함께 절로 들어가더니 손을 머리, 이마, 가슴에 모으고 절했다. 열세 살에 절로 들어와 이제 스물인 스님 체왕은 이 남자와 나를 절 옆에 있는 스승과 자신의 거처로 초대했다. 국왕과 부탄의 영적 지도자인 린포체 사진이 걸린 7평 남짓한 방 안엔 예전엔 2인용 소파였을 천 뭉치가 놓여 있었다. 나하곤 눈도 못 마주치는 체왕 스님은 망고 주스 두 잔을 내놓고 새침한 규수처럼 구석에 앉았다.

'능글' 덴실은 운전기사다. 벌이가 한 달 2만 5000눌트룸(약 42만 원)인데 거기서 집세 5000눌트룸과 차 살 때 받은 융자 1만 눌트룸이 빠지고 나면 사는 게 빠듯하단다. 애가 다섯이라 더 그렇다. 그 애들 중에 그의 생물학적 자식은 한 명이다. 나머지는 부인이 전남편 사이에서 낳은 아이들이다. 부인은 원래 친한 친구의 아내였다. 친구가 부인을 떠났을 때 전화로 이런저런 하소연을 들어주다 결국 살림을 차리게 됐다. 애 넷이라니, 사돈의 팔촌까지 뜯어말렸다. "그 여자 마음을 아프게 할 수는 없잖아. 그리고 애들이 나를 얼마나 좋아하는데."

마흔도 안 된 '능글' 덴실은 할아버지다. 의붓딸이 열여섯 살에 임신을 했다. 또 한바탕 집안이 들끓었다. 그가 찾아다니며 달랬다. "별일 아니다. 어차피 일어난 일이니 받아들이자고 그랬지." 그의 집엔 방이 두 칸인데 한 방엔 딸과 그의 남편, 태어난 지 석 달 된 손녀가 산다. "할아버지라니 좋지. 결혼하고 싶은데 못하는 사람도 얼마나 많아. 그런데 나는 벌써 할아버지까지 됐잖아."

그가 여덟 살 때 부모가 이혼하고 각자 다른 살림을 차렸다. 양쪽 집에서 형제들이 우수수 생겼고 어린 그는 이 집 저 집 전전했다. 그의 전처는 아들이 일곱 달 됐을 때 떠났다. 함께 사는 할머니는 고도비만이라 일어서기도 힘겨워했고 할아버지는 도박에 시간 가는 줄 몰랐다. 결국 갓난쟁이를 데리고 운전에 나섰다. 손님이 타면 "좀 안고 있어라"며 맡기고 핸들을 잡았다. 그 아들이 이제 여덟 살이다.

"우리 애들을 위해 기도하지는 않아. 그건 이기적인 기도야. 그러면 나쁜 카르마가 쌓인다고. 기도는 모든 생물을 위해 해야 하는 거야. 여기 이 파리를 봐. 내가 '옴마니밧메훔' 기도해주면 파리가 들을 거 아니야. 그럼 다음 생엔 파리 아니라 다른 것으로 태어날 수 있다고." 그는 날아다니는 파리를 입술로 쫓아다니며 '옴마니밧메훔'을 읊어댔다. 파리가 그리 즐기는 것 같진 않았다. 얘기가 길어지자 옆에 앉아 있던 스님 체왕은 살포시 휴대폰을 꺼내 들었다. 스승은 출타 중이다. 절호의 찬스인 셈이다. 새벽 3시 기도는 정말 빠짐없이 하느냐고 물었더니, 이 스님 펄쩍 뛴다. 기도하고 공부하는 거 좋아한단다.

눈 내리깐 체왕 스님과 노닥거리는 사이, 덴실이 파리를 위한 '옴마니밧메훔' 시현을 마쳤다. 모기도 죽이지 않는단다. 나쁜 카르마를 피하려는 거다. "모기가 피 빨고 싶으면 빨라 그래. 모기도 할머니, 할아버지, 자식들 있을 거 아니야. 나처럼."

덴실은 좋은 카르마를 쌓아 무엇이 되고 싶은 걸까. "다음 생엔 스님이 되고 싶어. 지금 이 삶, 나는 즐거웠어. 그런데 이만하면 됐어. 돈 걱정도 너무 지겨워. 스님이 되면 결혼 안 할 거야. 아내가 다른 남자 쳐다보면 화가 나고 내가 그러면 아내가 상처받잖아. 그런 긴장은 이 생으로 족하다고. 다음 생엔 불경 읊으며 신과 더 많은 시간을 보내고 싶어. 그런데 혹시 운전사 구하는 데 좀 알아? 지금 자리 언제 잘릴지 몰라.”

　그 '불량기' 패션의 정체는 이랬다. 왼손에 낀 은색 반지는 직접 디자인했다. 가운데 홈에 옴마니밧메훔을 새겨 넣었다. 덜렁거리는 은색 팔찌는 할머니, 새엄마의 엄마 것이었다. 지금은 세상에 없는 그 할머니가 그렇게 좋았단다. 기도 목걸이는 대대로 내려오는 귀한 것이다. 이걸 들고 매일 기도를 드린다. 오른손에 낀 금반지는 아내의 선물이란다.

이제 좀 외롭고 싶다

팀푸에선 물건보다 사람 만나기가 쉬웠다. 여섯 달 동안 전신거울을 못 샀다. 이 낯선 땅에 도착하고 일주일이 지나자 여기저기서 내 이름 부르는 소리가 들렸다. "어디 가?" 이래저래 안면이 팝콘 터지듯 터지는 곳이다. 인구 8만 명 정도인 이 수도 주민들은 한두 다리 걸치면 다 아는 사이인가보다.

영혼의 창자를 꺼내 보이는 사이와 '밥 먹었냐?' 따위의 인사 정도 하는 얕은 일상의 관계 가운데 하나를 고르라면, 외로움계의 고수인 나는 후자를 택하겠다. 하지만 일단 배가 불러야 반찬 투정 하는 거다. 외롭지 않으려면 '인간'과 접촉하는 일정 면적이 확보돼야 한다. 거기엔 동네 가게 주인, 옆집 애들과 그 개들도 포함된다.

팀푸에선 그 면적을 확보하는 게 거울 사는 것보다 쉽다. 집 앞 골목에 여덟 살짜리 동네 꼬마가 머리에 꽃을 꽂고 앉아 있다. "거기서 뭐 해?" "꽃하고 얘기해요." "왜 꽃하고 놀아?" "친구가 없어요." 순 뻥이란 건 이튿날 밝혀졌다. 누가 우리 집 문을 두드리기에 열어봤더니 어제 꽃을 꽂고 있던 소녀다. 땟국물이 흐르는 애들 다섯 명을 줄줄이 데려왔다. 주소도 안 가르쳐줬는데······. 정신이 혼미했다. 어떤 애는 갑자기 자기 공책을 보여주며 몇 점 맞았는지 자랑하고, 다른 애는 만지지 말라는데도 태블릿PC를 탐하고, 다른 애들은 어디 있는지도 모르겠다. 이 허리케인 애들은 저녁밥 먹을 때가 되자 다시 꽃소녀들로 돌아가 얌전히 흩어졌다. 그 다음 날 집에 돌아오니 현관문 밑으로 그림 하나가 끼워져 있었다. 팔다리로 보이는 선 네 개에 머리로 보이는 동그라미 하나다. 그 아래엔 이렇게 쓰여 있었다. '안티(이모, 고모, 또는 아줌마).' 그 추상화는 나였다.

그렇게 오다가다 만난다. 한번은 길을 잃어 무작정 걷다가 한 손으로 연신 기도바퀴를 돌리는 할머니, 할아버지들을 만났다. 신발은 슬리퍼였고 발톱은 새까맸다. 한 할아버지는 종카어로 연신 말을 걸더니 손을 내밀었다. 엉겁결에 악수하니까 할아버지가 웃었다. 기겁했다. 이가 시뻘겋다. 부탄 사람들이 많이 씹는 '도마' 빛깔이다. 이어 할머니들이 일렬로 걸어오기에 사진기를 들이대니까 맨 앞 할머니가 포즈를 잡고 서버려 연쇄 추돌이 일어났다. 맨 앞줄 할머니가 가까이 오라더니 내 손에 물컹한 걸 쥐어준다. 오이, 바나나 조각인데 누가 양말 속에 넣고 백두대간 종주를 한 것 같은 몰골이다. 도저히 못 먹겠다. 할머니가 가자마자 버렸다. 나중에 부탄 친구에게 물어보니 절에서 축복받은 공양물일 거란다.

팀푸 토박이들은 11월께 '초쿠'라는 명절을 지낸다. 한국 추석 비슷한데 이웃들까지 싹 불러 하루 종일 뭘 자꾸 먹이는 행사다. 탄딘이 초대한 그 잔치, 가기 싫었다. 부탄 음식 공포증 때문이다. 부탄 전통식 3층짜리 집에 들어서니 1층은 이미 이웃들에 점령당한 뒤였다. 애들만 최소 10명이다. 그 위층엔 가족들이 모였다. 3층에선 스님들이 하루 종일 불경을 읊어댔다. 부탄 치즈와 고추를 넣고 끓인 에마다치, 돼지고기 요리 팍샤 등이 차려졌다. 팍샤의 포인트는 고기가 아니라 비계다. 비계가 많을수록 손님을 제대로 대접한다고 여긴다. 제발 대충 대접해줬으면 좋겠는데, 비계가 실하다. 최대한 조금, 최대한 게걸스럽게 먹는 척하기가 내 목표다. 겨우 한 접시 끝내고 도망가려다 붙들렸다. 특별식이 남았단다. 단팥으로 만든 '뒴'인데 단팥만 들었으면 얼마나 좋겠나. 마른 치즈가 한 움큼이다. 초쿠에 초대받은 이웃들은 아침, 점심, 저녁 다 그 집에서 끝장 본다. 초대했는데 안 가는 것도 실례다. 단팥만 골라 깨작거리다 도망가려니까 또 '이리 가면 아니되오' 하고 붙든다. 한국 소주와 비슷한 아라가 나왔다. 소주 맛이기만 하면 좋을 텐데 거기에 대체 왜, 계란을 푼 걸까? 붙들려 있다 보니 탄딘의 사돈의 팔촌까지 아는 사이가 됐다.

미국 샌프란시스코에서 온 안젤리는 부탄이라면 환장한다. 두 번이나 왔다. "나는 여기서 덜 외로운 것 같아." 아플 때 집주인이 챙겨준 밥, 가끔 지나가며 이야기 나누는 단골 기념품 가게 주인과 동네 사람들 때문이다. 어떤 얇은 막에 둘러싸여 있는 느낌이란다.

사람뿐 아니라 길거리 개들과도 안면을 튼다. 팀푸살이 몇 달이 되자 저 절 앞에 가면 자동차 지나갈 때마다 혼자 뺑글뺑글 도는 검은 개가 있고, 저 골목 들어서면 누렁이가 샛길 앞에서 수금하듯 졸고 있다는 걸 훤히 알겠다. 개들도 나를 안다. 밤이 오면 어김없이 동네 개들이 짖어대는데 그 소리를 들으면 이제 대충 저건 브라우닌데, 저건 렉시 소린데, 이건 못 듣던 개 소리인데 하게 된다.

따지자면 서울 살 때는 인간과의 접촉 면적이 엄청 넓었다. 하지만 내가 그들을 '인간'으로 느꼈는지는 잘 모르겠다. 마트 아줌마를 계산기로, 화장품 가게 호객 알바생을 소음으로, 경비 아저씨는 문에 붙은 비밀번호로만 여겼던 것 같다. 모든 게 너무 컸고 너무 많고 너무 바빴다.

팀푸는 서울에 비하면 동네 한 귀퉁이만 할까. 그런데 90년대 후반부터 부탄이 매년 7, 8퍼센트씩 경제 성장을 이루면서 도시와 시골의 격차는 점점 벌어진다. 청년들은 대개 '팀푸로, 팀푸로'다. 남쪽 푼촐링에서 팀푸로 와 직장에 다니는 체왕은 이웃이 누구인지 모른단다.

부탄의 국민총행복 지수는 생활 수준, 교육, 건강, 문화적 다양성, 공동체 활력, 심리적 웰빙, 시간 사용, 생태적 다양성, 굿 거버넌스 등 아홉 영역을 측정한다. 그 결과에 따라 정부는 "아직 행복하지 않은 국민"의 행복도를 높이는 데 초점을 맞춰 정책을 수정한다. 2015년 국민총행복 설문조사 결과를 보면, 부탄 사람들의 전체적인 행복 지수는 5년 전 0.743에서 0.756으로 늘었다. 빠른 성장에 물질적 만족도가 높아진 게 한몫했다. 그런데 커뮤니티 소속감은 떨어졌다. "소속감을 아주 강하게 느낀다"는 72.48에서 65.75퍼센트로, "이웃을 믿는다"는 응답은 85.3에서 61.6퍼센트로 내려앉았다. 도시의 체온이 떨어지면 그 속에 사는 사람들이 추워질 텐데, 그런 한기는 비싼 거위털 파카로도 막을 수 없다.

지그미, 당신의 노래

'행복의 나라'의 밤거리엔 약에 취한 청춘들이 있다. 낡은 청바지를 엉덩이 중간쯤에 아슬아슬하게 걸쳐 입은 청년들은 길거리 개들에게 시비를 걸며 밤이 지나길 기다린다. 밤이 무사히 지나갈지는 알 수 없다. 수도 팀푸는 이미 청년들로 북적인다. 세계은행 자료를 보면 부탄 경제가 성장하면서 도시 인구 비중은 1970년 6.9퍼센트에서 2013년 37.14퍼센트로 뛰었다. 일자리 구할 곳은 없고 약 구할 곳은 많다.

스물여섯 지그미는 한 약물중독 재활센터에서 청소년 상대로 상담을 한다. 그가 여름 한낮에 몸을 벌벌 떨었다. 내뿜는 숨결마다 '스' 소리가 묻어난다. 약물중독 후유증이다. "센터에 온 애들한테 내 이야기를 들려줘요. 그리고 진짜 자신에게 정직해지라고 말해요. 저는 그 친구들이 얼마나 슬픈지 알아요."

그는 열한 살 때 길에서 술을 배웠다. 집 나온 지 한 달이 지나도록 부모님은 그가 가출한 줄도 몰랐다. 아버지는 사람이 너무 좋았다. 다 퍼줬다. 친척들한테 사기당해 집이 거덜 난 뒤 부모님은 이혼했다. 엄마는 애가 아버지랑 있겠거니 했고 아버지는 그 반대로 알았단다. 폐가에서 밤을 지새웠다. 거리가 집보다 따뜻했다. 친구들이 있었다. 구걸하던 그를 사촌형이 발견했다. 그 뒤 부모님은 살림을 합쳤는데 그의 마음은 돌아오지 않았다. 그는 이미 과자보다 술을 더 좋아하는 열한 살이었다.

'어번 가이스', 친구들은 모임을 그렇게 불렀다. 그의 진짜 집이었다. '도어스', '메탈리카', '너바나'가 인도 라디오를 타고 히말라야를 넘었다. "노래 속에서 그 사람들 마음이 느껴졌어요. 내 목소리 같았죠." 고등학교엔 기타가 있었다. 그는 기타 치러 학교에 다녔다. 이 친구들 가운데 형편 좋은 애들은 인도 국경에서 약을 가져왔다. 그것도 공평하게 나눴다. 알약을 삼키면 봄볕에 누운 개처럼 노곤해졌다.

2005년 12월 9일 '반짝이는 돌'이 죽었다. '어번 가이스' 가운데 한 명이었던 이 친구는 잘생겨서 이런 별명이 붙었다. 그 반짝이는 동그란 머리를 사무라이 칼이 갈랐다. 지그미도 그 패싸움 자리에 있었다. 그대로 도망쳤다. "친구가 죽던 날 무서운 줄도 몰랐어요. 약에 취해 있었거든요. 우리는 갱이 아니었어요." 시작은 항상 비슷했다. 이 그룹 멤버가 저 그룹 지역에 갔다가 맞고 오면 복수로 이쪽이 저쪽을 한 대 치고 그러면 저쪽이 이쪽을 두 대 치는 식이었다.

열다섯 소년은 북쪽으로 걸어갔다. 팀푸에서 차로 족히 세 시간은 걸리는 '가자' 지역까지 발길이 닿았다. 친구 집을 전전하며 도로 닦는 건설 현장에서 일했다. 해 뜨면 출근, 해 지면 퇴근이었다. 온몸의 구멍이

길 위의 노래

거리가 집보다 따뜻했다. 친구들이 있었다.

구걸하던 그를 사촌형이 발견했다. 그는 과자보다 술을 더 좋아하는 열한 살이었다.

란 구멍엔 죄다 황토가 꼈다. 겨우 잘 곳이 생기나 했더니 홍수에 다 떠내려갔다. 급류에 휩쓸려가는 애를 한 명 안고 몸만 빠져나왔다. 구해 나온 애 부모가 옷 한 벌과 먹을거리를 줬다. 이번엔 남쪽으로 걸었다. 다시 막노동을 했는데 두 달째 월급을 못 받았다. 열이 뻗쳐 사장 집을 부쉈다. 또 도망치게 됐다. 다시 북쪽으로 걸었다. 걸어도 걸어도 없었다. 세상에 그가 있어도 되는 자리는.

"그때부터 정말 바닥이었어요. 돈만 생각했어요. 약을 팔았어요." 폭력에 약물 판매까지 겹쳐 2년 형을 선고받았다. "감옥에서 내면이 죽어가는 걸 느꼈어요. 약물 금단 증상이 심했어요. 삶의 꼬투리를 붙잡듯이 노래를 썼어요." 종카어로 '아장', 후회라는 뜻이다. 노랫말은 이렇다. "언젠가 나는 이 세상에서 사라지겠지. 내 운명은 좋지 않았지. 왜 나만, 왜 나만. 다시 시작할 수 있다면. 내 인생은 눈물의 바다에서 익사 중이네."

2009년 출소한 그는 세어보았다. '어번 가이스' 친구들 열둘 가운데 다섯이 남았다. 그 중 여섯 명은 약물 과다 복용으로 숨졌다. "그때 마음속 나를 만났어요. 정말 살고 싶었어요." 그는 팀푸로 돌아와 중독 치료 그룹에 들어갔다. 밴드도 만들었다. "우리 노래를 만들고 싶었어요. 진짜 노래." 드럼은 비싸서 없다. 베이스는 망가졌다. 그래도 팬은 있다. '더 레이티스트 언마스크드 어번 프런트The latest unmasked urban front'라는데 밴드 이름이 너무 길어서 멤버들도 헷갈린단다.

지그미는 험한 말을 들어도 인상 쓰는 법이 별로 없다. 험한 말엔 이골이 났단다. 그런 지그미 표정이 일그러지는 걸 딱 한 번 봤다. 그가 한 방송 프로듀서와 얘기하는 중이었다. 지그미가 유튜브에 올린 자기 밴드 노래를 들려주니 40대 중반 피디는 이렇게 충고했다. "이런 록 음악은 외국에서 나온 거고 그쪽 사람들이 훨씬 잘해. 우리가 따라가봤자 그들보다 나을 수는 없어. 그러니까 전통음악을 해야지." 지그미는 아무 말 안 하다 나중에 나한테 구시렁거렸다. "저런 말 들으면 답답해요. 어느 나라 음악인 게 뭐가 중요해요. 나는 그냥 우리 이야기를 하고 싶은 거라고요." 망가진 베이스를 언제 고칠 수 있을지 모르겠다. 하고 싶은 건 많다. "우리는 부탄 리듬에 록을 합쳐 부탄 메탈을 만들 거예요." 끝났나 싶으면 이어지는 불면 치료제 부탄 리듬이 록과 만나면 어떤 노래가 될지, 나는 당최 모르겠다. 그래도 확실한 건 뭐가 됐건 그의 노래가 되리란 점이다.

그는 밤낮으로 일한다. 낮엔 상담사로 일하고, 밤에는 호텔 프런트를 지킨다. 호텔에서 월급 4000눌트룸(약 7만 원)을 받는다. 여덟 달 된 아들이 있다. 아기 이름은 이톱, 세상의 축복이란 뜻이다. "저는 지금 현재에만 집중하려고 해요. 진짜 내 목소리를 듣고 깨어 있을 거예요. 인간과 동물을 나누지 않고 어떤 것도 괴롭히지 않을 거예요. 우리 아들을 그런 축복으로 키울 겁니다."

금지된 것은 힘이 세다

"불교국가에 동물 죽이는 공장을 짓겠다는 게 말이 돼? 아마 다 반대할걸." 페마가 열 받았다. 2015년 부탄의 핫 이슈는 정부가 추진 중인 육류 가공 공장이었다. 난리 났다. 결국 정부가 "오해"라며 진화했다. 고기를 수입해 가공포장만 할 계획이라고 했다.

그렇다고 도축이라곤 씨도 없냐면 아니다. 공식적으로야 살생을 안 한다지만 동네잔치 때마다 슬쩍, 마당에 닭도 슬쩍, 방목하는 야크도 슬쩍, 특히 네팔계 부탄인들이 총대 메고 슬쩍 잡는다. 그래도 페마는 "가끔 잡는 거하고 떼로 만날 죽이는 거하고 같냐"고 했다.

죽이는 건 꺼리면서 먹는 데는 거리낌 없다. '슬쩍 도축'으로는 누구 코에 붙이지도 못할 양이다. 결국 대부분 인도에서 수입한다. 부탄 신문 〈쿠엔셀〉은 "육류를 매년 1톤 이상 들여온다"며 "부탄의 한 사람당 육류 소비량이 남아시아 최고"라고 썼다. 그만큼 루피가 인도로 흘러 들어가니 정부로서는 속 타는 거다. 결국 먹으니 죽이는 거 아닌가? 어디서 어떻게 잡았는지 모를 고기를 먹느니 투명하게 관리하며 도축하는 게 낫지 않나? 소남은 모르는 소리 말란다. "똑똑한 척하는 사람들이나 먹는 거랑 죽이는 거랑 거기서 거기라고 떠들지. 둘은 죄질이 다르다니까. 업보가 달라."

다를지도 모르겠다. 부탄 사람들이 아무리 많이 먹는다고 서구처럼 흥청망청 고기가 흘러넘치지는 않는다. 수도 팀푸에서 가장 큰 마트라고 해봤자 한국 아파트 단지 상가 안 슈퍼 정도 크기다. 한국 구멍가게 아이스크림 냉장고만한 냉동고기 코너가 구석에 쭈그리고 있다. 다른 마트에선 그나마 구경하기도 힘들다. 생선 자리는 없다. 고기를 사고 싶으면 정육점이나 주말장터에 가야 한다. 또 냉동 코너건 정육점이건 5월 18일부터는 한 달간 문을 닫는다. 육식을 줄여야 하는 금욕의 달이다. 상점에서 볼 수 있는 동물이라곤 바싹 말려 걸어놓은 생선밖에 없다. 골목 전체에 풍기는 비린내만이 이 나무토막 같은 게 실은 생선이라는 증거다.

못 사게 한다고 안 먹나. 이미 쟁여놓았다. 팀푸 시내에서 소고기 모모를 제일 맛있게 한다는 음식점 '줌볼라'에선 점심시간마다 자리 쟁탈전이 벌어진다. 줌볼라는 번화가인 '홍콩 마켓' 구석, 시내에 두세 곳뿐인 피자집 중 하나와 불법 다운로드 전문 가게 사이에 있다. 건물 옆구리로 터진 문을 열면 10여 평 공간에 테이블 대여섯 개가 다닥다닥 붙어 있다. 서울 명동 뒷골목 김치찌개집 같은 분위기다.

모모는 만두다. 양념한 소고기나 치즈와 채소를 섞어 넣는다. 같이 나온 고깃국은 그대로 곰국이다. 둥둥 띄운 고수만 외국 맛이다. 앞에 앉은 할머니는 그 국물에 국수를 풀어 코를 박고 먹었다. '무념무상, 국수와 나'라는 표정이다. 그걸 보니 한 젓가락 하고 싶다. 채소 모모와 고깃국, 볶음밥까지 둘이 먹고 다 합쳐 170눌트룸(약 3000원)이 나왔다.

모모건 고깃국이건 피자건 빠지지 않고 따라 나오는 양념이 있다. 고춧가루에 기름을 섞은 '에지'다. 고추장의 매운맛은 애교다. 에지만 앙칼진 게 아니다. 부탄 요리 대표 선수 '에마다치'도 그렇다. 양파, 마늘 등 온갖 채소에 고추를 되는 대로 많이 투척한 뒤 기름에 살짝 볶다 물을 넣고 치즈를 녹인다. 작은 호빵 모양의 뽀얀 치즈에선 서양 치즈 같은 구린내가 안 난다. 이걸 보라색 빛이 살짝 도는 부탄 밥에 뿌려 먹으면 된다. 매콤한 곰탕 맛이 났다. 매운 통각이 미각을 순식간에 사살해버리는 맛이기도 하다. 적어도 속이 느글거릴 새는 없다.

전 국민의 식후 땡은 '도마'다. 길 가다 난데없이 악수를 청한 할아버지는 내가 손을 잡자 환하게 웃었는데 이가 온통 새빨갛다. 도마 흔적이다. 잎사귀에 핑크빛 라임을 바르고 밤톨을 썰어놓은 것 같은 도마를 얹어 씹는다. 내가 씹어보겠다니 상점 주인이 라임을 덜어냈다. 다 넣었다간 입속이 타는 느낌일 거라고 했다. 무인도에서 생나무 둥지를 뜯어 먹으며 구조 요청을 하고 있는 맛이다. 씹을수록 쓰고 입이 후끈해진다. 여하튼 겨울엔 몸이 뜨끈해져 좋단다.

식후 땡 담배는 위험하다. 공공장소에서 피웠다간 500눌트룸(약 8500원)을 벌금으로 뜯긴다. 파는 건 더 힘들다. 300대 이상을 허가받지 않고 가지고 있다 걸리면 벌금이 1만 눌트룸(약 17만 원)이다. 보통 사무직 한 달 초봉을 떼 가는 거다. 1200대 이상 가지고 있다 네 번 이상 걸리면 최고 5년 형까지 징역살이다. 왜 담배를 금지하나 했더니 국민 건강을 해치기 때문이란다. 그러면 술은? 나쁜 남자는?

하여간 그래도 핀다. 점심 먹은 도지와 왕모는 직장 건물 뒤편 공터에 앉아 한 대씩 빨았다. 사무실 아래층이 바로 경찰서인데 괜찮냐니까 다 친구라며 니코틴 부서 사람들만 피하면 된다고 했다. 나도 담배 사고 싶다 하니 어려울 거란다. 아는 사람이 아니면 상인들이 담배 보따리를 풀지 않는다. 도지는 담배가 본격적으로 금지된 2008년 이전부터 골초였다. "그때 담뱃값이 갑자기 열 배 뛰었지. 지금도 제값의 두 배는 주고 사야 해. 몰래 담배를 들여올 수 있는 사람들만 땡잡는 거지." 쪼그려 앉아 숨어 피우니 더 맛나 보인다.

부탄의 밤은 개가 다스린다

나쁜 개들의 전성시대다. '나쁘다'는 인간인 내 처지에서 그렇다는 거다. 일단 많다. 부탄 일간지 〈쿠엔셀〉은 길거리 개 중성화 5개년 계획 덕에 개체수가 줄어 수도 팀푸에 5000마리만 산다고 밝혔다. 5년 전 인간 10명당 개 한 마리꼴이던 게 0.6마리로 줄었다는데 누구 코의 중성화 작업인지 도처에 강아지들이다. 팀푸 개 87퍼센트는 길이 집이란다. 〈쿠엔셀〉은 "여전히 팀푸 도심 창람 거리 주변은 개들의 영토로 보인다"며 "이런 사정에도 중성화 작업 팀이 나타나면 개들이 도망가게 돕는 사람들이 있다"고 썼다. 중성화는 개를 개답게 살지 못하게 하는 것이기 때문에 불교 정신에 반한다고 생각하는 사람들이다.

길거리 개들은 나 같은 인간에게 신경 쓸 시간이 없다. 낮엔 몸을 돌돌 말고 잔다. 발랑 뒤집어진 채 숙면하기도 한다. 팀푸 시내 중심 거리인 홍콩 마켓에 어스름이 내리면 활동 시작이다. 때때로 무리 지어 총총 걷는다. 곧 개들끼리 영역 쟁탈전이 벌어진다. 전쟁 중인 개들과 퇴근하는 사람들의 세계가 평행으로 흐르는 시간이다. 인간 따위야 택시를 잡건 슈퍼에 들르건 바쁜 개가 알 바 아니다.

그런데도 나는 개들에게 자유를 빼앗겼다. 한 번의 으르렁이면 족했다. 출근길, 목적지가 100미터 앞인데 개 퇴치용으로 들고 다니는 등산스틱이 거슬렸던지 어느 집 개 한 마리가 뛰쳐나와 짖어대기 시작했다. 그에 맞춰 그 골목 개들이 떼로 목청을 높였다. 방광이 죄어 들어가는데 저쪽 끝에서 행인 한 명이 어슬렁어슬렁 다가왔다. 냅다 그 사람 뒤에 붙어 골목을 지났다. 그때부터 출근 때마다 남편에게 태워다달라고 구걸하게 됐다. 진심으로 치사했으나, 개가 그만큼 무서웠다. 30여 분 빠른 그의 출근시간에 맞추다 보니 사무실에 1등으로 도착한다. 근면한 생활을 다 해본다. 다 개 덕이다.

우리 집 근처에 케언테리어종이 살짝 섞인 잡종견 '렉시'가 산다. 동네 사람들이 다 그렇게 부른다. 검은 털이 눈을 반쯤 가린 렉시는 몸통 전체 길이라고 해봤자 내 팔 정도 크기다. 그런데 장군감이다. 나만 보면 격퇴하려 든다. 이 조그만 개에게 당할지도 모른다는 공포를 밀어낼 요량으로 렉시와 잘 노는 동네 꼬마에게 물었다. "렉시는 그래도 안 물지? 그치?" 꼬마가 자랑스럽게 답했다. "렉시는 잘 물어요." 물어보지 말걸 그랬다.

텐진은 아홉 살 때 개에게 물렸다. "내가 도망가다 넘어지니까 다리를 물었어." "그래서 그 개는 어떻게 됐어?" 텐진이 무슨 그런 알맹이 없는 질문이 다 있느냐는 듯 답했다. "개야 만족했지."

공포가 커질수록 개만 보인다. 개들은 또 그 공포를 기막히게 냄새 맡는다. 그걸 아니 나는 온통 개 생각뿐이다. 다들 이렇게 조언한다. "개 세상에 침범한다는 느낌을 안 주면 개들도 너를 상관 안 한다고. 그냥 무시하면 돼." 문제는 그 평행 세상의 법칙을 무시하는 조폭 개도 있다는 거다. 오전 8시께 집에서 나온 체링은 대여섯 마리 개들한테 둘러싸였다. 한 마리가 종아리를, 다른 한 마리가 허벅지를 물었다.

개 처지에선 억울할지 모르겠다. 인간은 더 잔인했다. 부탄 베스트셀러 《다와-길거리 개》는 다와(달)란 이름을 스스로 정한 팀푸 개 이야기다. 전생에 통역사여서 인간 말을 다 알아듣는다. 동굴에서 명상 끝에 거의 도가 트게 된 개다. 하여간 이 책에 개 세계를 유린하는 인간 군상이 나온다. 다와의 가족은 인간이 고기에 뿌려놓은 독을 먹고 죽었다. 보호소로 끌려간 개들은 아무도 돌아오지 못했다. '다와' 이야기를 부탄 신문 〈쿠엔셀〉이 뒷받침한다. 〈쿠엔셀〉은 "중성화 작업이 이뤄지기 전 대책으로 시행됐던 보호소에서는 먹이가 부족해 큰 개가 작은 개를 잡아먹는 사태까지 벌어졌다"고 썼다. 아무 대책 없이 가둬두고 알아서 죽게 만든 거였다. 보호소는 이후 폐쇄됐다.

그래도 팀푸 길거리 개 세계는 아직 인간에게 점령당하지 않았다. 먹이를 주는 인간도 많다. 인간이 되려다 살짝 점수가 달려 태어난 게 개라고 믿는다. 이들을 먹이면 공덕이 쌓인다.

"개는 아무것도 아니야." 부탄과 인도 국경 마을 '십수'에 사는 스물아홉 살 지그메가 말했다. 인도 쪽으로는 자로 반듯이 그어놓은 듯 지평선이 이어진다. 그 평야에서 난데없이 준령이 솟는데 그 분기점에 선 마을

개들의 전성시대

이곳은 아직 인간 혼자 통제하는 땅이 아니다.
자는 거야 인간 사정이고 개들에겐 공사다망한 밤이다.

이 '십수'다. 그곳 최고 골칫거리는 코끼리다. 벼가 익어가는 계절이 오면 그 향기를 맡고 평야 쪽에서 몰려든다. 지그메가 평야가 끝나는 지점에 있는 탑을 보여줬다. "코끼리 떼가 오는지 감시하는 곳이야." "코끼리가 오면 어떻게 해?" "도망가야지."

"그래도 코끼리가 낫지." 팀푸에서 동쪽으로 200킬로미터 정도 달리면 트롱사다. 해발 3000미터에 옹기종기 모인 마을이다. 그곳 은행원인 서른 살 니마는 한 달에 한 번 차가 닿지 않는 산골마을로 들어가 저축도 받고 대출도 해준다. "한 번은 고객이 대출 이자를 내러 못 왔어. 호랑이가 소를 잡아먹었다더라고." 니마는 산골짝으로 들어갈 때면 동료와 온갖 노래를 고래고래 부르며 소란을 피운다고 했다. 호랑이를 쫓기 위해서란다.

이곳은 아직 인간 혼자 통제하는 땅이 아니다. 오늘 밤에도 개들은 짖고 나는 괴로워하겠지. 자는 거야 인간 사정이고 개들에겐 공사다망한 밤이다.

브라우니의 마음을 얻는 방법

어떤 인연인지 모르겠다. 개 공포 있는 내가 이 개에게는 안달이다. 갈색 꼬리 때문인지, 처연한 늙음 때문인지 알 길이 없다. 이 길거리 개 이름은 '브라우니'다. 내가 지었다. 석 달째 먹이를 줘도 나한테 꼬리 한 번 안 흔든다. 팀푸 길거리 개 5000마리 중에 브라우니는 아무 이유 없이 내게 특별한 존재다.

햄으로도 사로잡을 수 없는 브라우니의 마음은 어디쯤에 있을까. 팀푸에서 유명한 '로치 아마'(개 엄마)한테 이것저것 물어봤다. 부탄에서 19년 산 프랑스인 마리안 기예다. 그 집은 내게 공포의 소굴이다. 개가 273마리다. 게다가 원숭이 25마리, 고양이 7마리가 산다. 마리안과 남자친구 헨드릭이 20년째 사는 이 집은 '부탄 동물 보호' 시민단체이자 종합병동이다. 수술실도 있다. 회복한 개들은 산등성이를 점령한 이 집 마당을 어슬렁거린다. 집 안엔 아픈 개들이 버티고 있는데 문 열자마자 한쪽 다리가 부러져 부목을 댄 '치치'가 달려든다. 미친 듯 꼬리를 흔든다. 강아지 때 수영장에서 구조돼 이름이 '풀리'인 검정개는 앉아 있는 내 허리춤에 몸을 돌돌 말아 들이댄다.

　마리안이랑 이야기할 때는 정신을 똑바로 차려야 한다. "내가 다른 사람하고 다르다는 건 한 대여섯 살 때부터 알게 됐지. 수영장에 가면 모기들이 익사 중인데 사람들은 본 척도 안 하는 거야. 어떻게 그 고통을 지켜만 보고 있는지 이해할 수 없었어. 나는 이렇게 온몸으로 느끼는데. 어릴 때 쥐, 나비, 새…… 닥치는 대로 구했어. 아, 잠깐만. 풀리!" 그새 검정개 풀리가 소파를 물어뜯고 있다. 새끼들과 함께 구조된 개 '소남'이 슬쩍 들어오는 바람에 책상 위 파일이 우르르 쏟아져 내렸다.

　"어디까지 했지?"

　"나비랑 새."

　"수의사는 되고 싶지 않았어. 동물 죽는 걸 견딜 수 없을 것 같았거든. 건축학을 택했지. 박사학위 연구 때문에 이집트 카이로에 갔는데 거기서 고양이를 50마리 정도 구했어. 그때 참 애인이 많았지. 수의사, 약사, 마취과 의사. 모두 동물 구조하는 데 한몫했어. 카이로에서 동물 수술이며 뭐며 배우지 않았겠어. 하하. 참 좋은 애인들이었어. 내가 옛 애인 파일만 따로 가지고 있잖아. 보여줄게. 그게 어디 있더라……."

　마리안은 개 소남이 쓰러뜨린 파일 더미를 뒤지기 시작했다. 그새 덩치 큰 개 '보보'가 들어와 거대한 꼬리를 흔드는 통에 파일 폐허 위로 연필이 우르르 떨어졌다. "어디까지 했지?"

　"카이로 애인."

| 개 엄마
| 마리안

"나는 사람이 만물의 영장이란 말이 제일 싫어.
우리 다 동물이고 서로 의지해 살잖아."

"맞아. 거기서 헨드릭을 만나고 이 사람이란 걸 알았지. 헨드릭이 부탄 깡촌에 발전기 만드는 일을 하게 돼 같이 왔어. 1997년 부탄에 오니까 안개밖에 없어. 전기, 시장 아무것도 없어. 바가지 하나 구한 날은 땡잡은 거야. 어느 날 개 한 마리가 장기가 쏟아져 나와 있는 거야. 카이로에서 배운 걸 동원해 우리 집 부엌에서 수술했어. 그 개는 살았지."

그때 간호사 '남게'가 들어왔다. 간호사 남게는 원숭이다. 전선에 걸려 몸 3분의 1에 화상 입은 걸 살렸다. 다른 원숭이들을 잘 돌봐준다. 남게가 나도 제 종족인 줄 아는지 내 손에 자기 손을 얹는다. 우리 할머니 손 같다.

"시스터 남게 안녕. 어디까지 했어?"

"부엌 수술."

"그러다 여기까지 오게 된 거야. 하루에 한 번씩 시내에 가. 음식점마다 남은 음식을 챙겨 트럭에 싣고 오지."

그때 직원 한 명이 들어온다. 이번엔 사람이다. 어느 식당에서 남은 음식 가져가란다고 전한다.

"대박이네. 그 음식을 그냥 못 주지. 유리조각이나 담배꽁초 걸러내야 해. 또 신장이 아픈 개들한텐 소금이 안 들어간 것만 주지. 건강해지면 광고해서 입양 보내. 수술실 보여줄까?"

마당으로 나가자 마리안의 자녀들이 몰려든다. 힘차게 흔들어대는 꼬리들에 모터를 달면 발전소를 차릴 수 있겠다. 옴에 걸려 털이 다 빠져버린 개가 엄마에게 매달렸다. 마리안은 애들의 이름을 다 외운다. 수술실엔 개 환자 이름과 처치 내용이 빼곡하다.

"나는 사람이 만물의 영장이란 말이 제일 싫어. 우리 다 동물이고 서로 의지해 살잖아. 왜 동물을 구하냐고 하는데 나는 불행해지지 않으려고 싸우는 거야. 주변이 행복해야 나도 행복한 거잖아. 동물도 사람도 그무엇도 쓰레기더미에서 죽게 해선 안 돼. 나는 그렇게 생각해. 사람은 한 일로만 평가받아선 안 돼. 안 한 일로도 평가받아야 해. 구할 수 있는데 왜 구하지 않았는지를 물어야지."

그리고 드디어, 원숭이 간호사 남게와 개 풀리 사이에 싸움이 벌어진 그 틈바구니에서 마리안은 내게 브라우니의 마음을 얻는 방법을 알려줬다. "브라우니는 아마 사람한테 학대를 당했을 거야. 그러니 믿지 못하는 거야. 내가 교통사고로 턱이 세 조각난 개를 치료한 적이 있어. 그 개가 턱이 다 낫고 처음 한 일이 뭐였게? 날 문 거지. 하하하. 아주 수술이 잘됐더군. 그 개가 나를 따르는 데 3년이 걸렸어. 상처가 컸던 거지. 사람하고 똑같아. 브라우니에게 시간을 줘. 네 진짜 사랑의 에너지를 브라우니에게 쏘라고."

마리안이랑 다섯 시간 넘게 떠들었는데 당최 모르겠다. 사랑의 에너지를 브라우니에게 대체 어떻게 쏘란 말인가. 그래도 마리안이 있어 다행이다. 집으로 돌아오는 길에 쓰레기장에서 꼬물꼬물하는 작은 무언가를 발견했다. 피부병이 난 강아지 한 마리가 혼자 있다. 몸을 바들바들 떤다. 마리안에게 데려다줬다. 강아지는 살았다.

레이디는 뉴욕에서 행복할까?

　이 팀푸 개는 곧 뉴욕 개가 될 팔자다. 족보 그런 거 없다. 빳빳한 털은 윤기가 없다. 지푸라기 색깔에 검댕처럼 검정 털이 섞였다. 살집이 있었다면 한국에선 잡아먹혔을 관상이다. 말랐고 엉덩이 바로 위에 쇠사슬로 꽉 묶었다 푼 것 같은 상처가 있다. 그 상처 자국엔 털도 자라지 않는다. 두 살인데 눈은 산전수전 다 겪은 노인처럼 짠할 때가 있다. 다시 말해 팀푸에 사는 5천여 마리 길거리 개들과 다를 게 하나 없다. 그런데 니컬러스 대니얼에게 이 개는 '레이디'다. 이름을 그렇게 지었다. 부탄에 1년 살다 뉴욕으로 돌아가는 그는 이 마른 대걸레 같은 개를 데려간다.

　사람 여행보다 더 복잡하다. 서류가 한 뭉치다. "이건 예방접종 기록, 이건 나와 레이디 사진이 붙어 있는, 말하자면 개 여권. 레이디를 잃어버릴 경우를 대비해서 목 안쪽에 칩을 집어넣었어. 스캔하면 정보가 뜨지. 이건 비행기 화물칸에서 레이디가 잠잘 상자. 벌써 여기서 자는 연습을 시키고 있지. 그래도 걱정이 돼. 열다섯 시간 날아가야 하는데 무서워할까봐." 어찌 됐건 레이디를 떼놓고 갈 수는 없다. 그건 다리 한 짝만 팀푸에 두고 갈 수 없는 것처럼 자명했다. 레이디는 니컬러스가 안 보이면 앓는 소리를 낸다.

넉 달 전께 니컬러스가 사는 연립 마당에 개 한 마리가 나타났다. 허리를 낚아채는 덫에 걸렸다 도망친 탓에 엉덩이 위쪽이 완전히 쪼그라들었고 가죽이 찢어져 피가 나왔다. 개는 사람이 근처만 가도 으르렁거렸다. 먹을 것만 줬다. 사흘째 되니 니컬러스가 만져도 가만히 있었다. 마리안의 병원에 데려갔다.

"그때까지는 그냥 '개'라고 불렀어. 알고 보니 암컷이더라. 그래서 '레이디'가 된 거야. 잘 어울리지."

퇴원한 '레이디'는 니컬러스만 쫓아다녔다.

"어느 날 집에 돌아왔는데 레이디가 날 보고 마당 저 끝에서부터 달려왔어. 그런데 그 얼굴이 진짜 행복해 보였어." 그때부터 레이디는 니컬러스의 개가 됐고, 니컬러스는 레이디의 인간이 됐다.

아침이면 걸어서 한 시간 정도 걸리는 기도탑 초르텐까지 산책을 간다. 니컬러스가 앞서기도 하고 레이디가 끌고 가기도 한다. 양지바른 곳을 발견하면 개는 배를 바닥에 깔고 두 발을 앞으로 뻗어 턱을 얹고 존다. 그 옆에 니컬러스가 앉아 둘이 햇볕을 쬔다. 매일 보는 햇살이지만 매일 똑같은 햇살은 아니다. 그 시간들이 쌓여 둘은 서로에게 대체불가능한 존재가 됐다.

"레이디가 얼마나 의리 있는지 몰라. 그런데 독립적이기도 하다니까.

뉴욕 남자와 팀푸 개

가장 바쁜 도시에서 태어난 인간과 가장 느린 도시에서 태어난 개가
무슨 인연으로 엮였는지 누가 알겠냐마는 돼지털 개 레이디와 보통 인간 니컬러스는
히말라야를 봤고, 그 후 태평양을 함께 봤다.

내 말을 잘 따르는데, 단 자기가 따르고 싶을 때만 그래. 왜 레이디가 특별하냐 묻는데 사실 나도 몰라. 운명이야."

신호등도 없는 팀푸가 고향인 레이디는 뉴욕에서 행복할까? 니컬러스는 그래서 일부러 사람 많은 데로 데려간다. 레이디는 목줄을 달고 다니는 법도 배웠고, '앉아'라는 말도 알아듣는다.

"레이디는, 길거리 개 시절 습관이 남아 쓰레기 뒤지기를 즐겨. 그리고 비둘기 쫓는 걸 아주 좋아해. 다행이야. 뉴욕에는 비둘기도 쓰레기도 많거든. 우리 집 옆에 개 공원도 있어. 잘 적응할 거야."

레이디가 이번에 고향을 떠나면 아마 다시는 못 돌아올 거다. 그래서 둘이 구석구석 다닌다. "부탄 개 중에 레이디만큼 부탄을 많이 본 개도 없을걸. 여기서 열세 시간 걸리는 몽가르에도 데려갔지. 또 해발 4000미터 높이에 있는 호수에도 올라갔어. 얼마나 산을 잘 타는지 몰라." 그 스태미나 넘친다는 개는 인터뷰 내내 배를 깔고 누워있는데 눈을 감은 건지 뜬 건지 모르겠다.

부탄에 온 첫날, 니컬러스는 오후 4시 반이면 문을 닫는 국제공항도 있다는 걸 알게 됐다. 5년 동안 앨버트 메이절스 감독과 뉴욕에서 다큐멘터리 작업을 했던 니컬러스는 '국경 없는 필름메이커'란 단체의 자원봉사자로 부탄 청소년들한테 영상 제작을 가르치러 왔다. 가방 안에 아이들이 쓸 장비가 잔뜩 들어 있어 세관을 마지막으로 통과했다. 그가 나가고 공항 불이 꺼졌다.

복장 터져 짐 싸고 싶은 적도 많았다. "사람들 정말 친절하지. 인정해.

그런데 같이 일하면 미칠 것 같을 때가 있어. 관공서나 어디나 일 보려면 오전 10시부터 12시까지 해야 돼. 10시 전엔 사람이 없고, 점심 먹고 나면 사람들이 사라지잖아. 부탄에서 중요한 건 가족, 종교지. 푸자(굿) 하자고 하면 제시간에 오지만 일로 만나자면 세월아 네월아."

그래도 그때, 레이디와 함께 해발 4000미터에서 히말라야 설산을 봤을 때 '짐 안 싸길 잘했다'고 생각했단다. "〈내셔널 지오그래픽〉적 경험이었어. 〈내셔널 지오그래픽〉에 나오는 그림을 나는 피부로 봤단 말이지."

레이디랑 둘이 사진 찍자고 했더니 니컬러스가 손에 물을 축여 애 씻기듯 레이디 얼굴을 닦았다. 미국에 돌아가면 같이 여행할 생각이다. "부탄에서 1년 보냈다고 삶에 대한 태도가 바뀌진 않았지. 인생은 항상 모험 같은 거라 생각했으니까. 다만 레이디가 나를 발견해줬어. 같이 해변에 갈 거야." 가장 바쁜 도시에서 태어난 인간과 가장 느린 도시에서 태어난 개가 무슨 인연으로 엮였는지 누가 알겠냐마는 돼지털 개 레이디와 보통 인간 니컬러스는 히말라야를 봤고, 그 후 태평양을 함께 봤다.

네가 와서 행복했어. 너도 행복했니?

왜 내 몸은 자꾸 뒤통수를 치는 걸까. 내가 한국어를 가르치는 텐진이 고향 집에 초대했다. 1년에 한 번 온 식구가 모여 일종의 굿인 '푸자'를 한단다. 스님들이 이틀 내내 머물며 불경을 읊는다. 텐진의 고향은 팀푸에서 차로 세 시간 거리인 푸나카, 그것도 산꼭대기다. "부탄 전통 집이에요." 그 말은 곧, 수세식 화장실이 없을 확률이 크다는 거다.

나는 비운의 공주다. 돈도 없고 미모도 없는데 까탈만 공주다. 텐진 집으로 가는 날 아침부터 장 비우기에 들어갔다. 텐진 고향 집에서 되도록 화장실을 가지 않으려고 몸부림치는 거다. 아무리 긴 대장이라도 이 정도면 됐겠지 싶었다.

푸나카로 가는 버스가 없어 택시를 나눠 탔다. 택시비는 300눌트룸 (약 5000원), 티코 크기 차에 다섯이 꽉 차기 전엔 출발 안 한다. 짐까지 실으니 내 다리가 네 다린지 내 다린지 모르겠다. 이 살뜰한 택시가 산을 오르기 시작하자 승객들은 기절 상태 수면에 빠졌다. 안전벨트도 안전펜

스도 없고 좁은 비포장 길 반대편에서 트럭이 오고 있지만, 눈 부릅뜨고 있으면 뭐 하나. 괴롭기만 하다.

부탄에서는 이 정도는 돼야 '식구가 있다' 하나보다. 30여 명이 모였다. 이름이 소남인 사람만 셋이다. 화장실은 예상대로 집 밖에 있었다. 개량된 '푸세식'으로, 쪼그리고 앉았을 때 적어도 널빤지가 흔들거리며 서스펜스를 조장하진 않았다. 제단 앞엔 공양물이 산맥을 이뤘다. 내가 가져간 컵케이크부터 사탕, 초콜릿, 고기 등이 일단 부처님 몫이다.

뭘 자꾸 먹어야 했다. 밥 스케일이 히말라야다. 이 식구를 먹여대자니 일이 어마어마하다. 밥 나르고 설거지하는 게 여자들 몫이다. 참고로 세계경제포럼이 내놓은 2015년 세계 성 격차 보고서를 보면 145개 나라 가운데 부탄은 118위, 한국은 115위다. 그래도 부탄에선 적어도 며느리가 독박을 쓰는 것 같진 않다. 이 집의 좌장은 텐진의 외할머니다. 부탄에선 결혼하면 남편이 처가로 들어와 사는 경우가 많다. 땔감은 남자들이 해왔다. 살보다 비계가 많은 돼지고기 반찬 팍샤는 텐진 아버지 솜씨다. 나는 밥만 죽자고 먹었다. 그때부터 불안했다. 그렇게 아부를 해놨는데도 장이 시비를 걸었다. 이 똥들은 어디에 잠복해 있었던 걸까.

이틀 일정의 푸자가 이날 저녁 8시쯤 끝났다. 텐진 부모님은 농부다. 어머니는 이 동네에서 목청 좋기로 소문이 자자하다. 그 어머니와 아버지, 이모, 삼촌들이 둥그렇게 둘러섰다. 원이 돌았다. 음악은 라이브다. 이 노래는 끝이 없다. 어머니는 야크 유목민부터 시작해서 부탄을 통일한 샵둥, 나왕, 남겔, 부탄의 전통 건물인 종의 역사까지 노래로 이어갔는데, 아이들까지 다 아는지 노래는 곧 떼창으로 번졌다.

부탄 전통춤을 처음 봤을 때 '애걔, 이게 뭐야' 했다. 동작이라고 해봤자 팔 한 짝씩 앞뒤로 뻗었다 거둬들이고 한 발씩 디뎠다 거두는 정도다. 그러면서 계속 돈다. 그걸 관객 입장에서 보면 최면 걸리듯 잠에 빠져들기 일쑤다. 그런데 이 가족과 함께 춰보니 알겠다. 단순한 동작이라 따라 하기 쉬우니 걸음마만 떼도 떼춤이 가능하다. 팔 한 짝씩 폈다 접는 동작인데 같이 추니 말춤 뺨쳤다. 역시 막춤과 떼춤이 최고다. 네 살짜리 꼬마가 원 안으로 들어가 무릎을 굽혔다 폈다. 같이 노래하고 움직이며 이들은 공동체를 손으로 만지고 있는 중이었다.

완벽하게 화목한 가족이 어디 있겠나. 텐진은 팀푸에서 사촌 집에 2년 넘게 얹혀 살고 있다. 여행사에서 일하는 텐진의 월급은 8000눌트룸(약 14만 원)이다. 그중에 3000눌트룸(약 5만 원)을 부모님한테 보내니 사촌 집에서 나올 수가 없다. 시간이 지나면서 사촌의 구박도 늘었다. 언젠가 텐진이 그랬다. "채소 안 사오면 사촌이 화내요. 나쁜 말도 해요." 어찌 됐건 적어도 지금 함께 돌고 있는 텐진과 사촌의 얼굴에는 갈등의 그늘이 없다. 일단 한번 춰보면 안다. 흥이 나서 다른 생각이 안 난다.

내부의 적만 아니었다면 나는 그날 밤 행복할 수 있었다. 이들은 아무렇지도 않게 가는 바깥 화장실이 저승이라도 되는 양 수세식 변기에 길들여진 몸은 한사코 버렸다. 똥장군들의 진격은 무서웠다. 가족들과 함께 땀 흘리며 원을 돌면서 나는 한 가지 생각에 사로잡혔다. '이렇게 다 같이 돌고 있는 와중에 방귀를 뀌면 이 가족들의 은혜를 원수로 갚는 것이다.'

밤 12시가 됐는데도 춤바람은 멈추지 않았다. 열두 살 소녀 위겐은 볼이 발갰다. "지난해 푸자 때는 새벽 5시까지 췄어요." 오! 부처님. 제 공양물인 컵케이크가 별로였나요?

내 절절한 마음을 읽은 걸까. 새벽 1시께 이모할머니가 말했다. "이제 마지막 노래를 부르자." 노래는 이랬다. "더도 덜도 바라지 않습니다. 다음 해에도 우리 함께 모일 수 있기를." 이 노랫말이 무려 15분이나 이어질 줄은 몰랐다.

드디어 누울 수 있게 됐다. 식구들이 내가 잘 이부자리를 봐줬다. 서 있을 때보다 항문으로 몰리는 하중이 줄어선지 화장실 욕망이 고요해졌다. 휴전인가? 이모할머니가 옆에 앉더니 담요를 내 턱까지 바짝 끌어당겨 덮어줬다. 이모할머니 말을 내 옆에 누운 텐진의 여동생이 통역했다. "너한테 노래를 많이 불러주고 싶었어. 즐겁게 해주고 싶었어. 내가 감기 들어 그렇게 못했구나. 우리는 네가 와서 아주 행복했어. 너도 행복했니?"

가족의 발견

"우리는 네가 와서 아주 행복했어. 너도 행복했니?"

삶도 죽음도 슬퍼할 일은 아니야!

소남의 넉 달 된 딸 나르셸은 좀체 우는 법이 없다. 이 애는 전생에 '소'였단다. 그러고 보니 달 없는 밤 같은, 깊고 까만 눈이 닮았다. 아기가 태어나면 부모는 친구들을 불러다 '창게'라는 술을 마신다. 막걸리 비슷한데 대체 왜 술에 계란을 팍 풀었을까. 이 술이 달면 애 인생도 달콤하게 풀린다고 믿는다. 창게를 퍼주면서 나르셸 엄마가 말했다. "하여간 여자애들은 다 전생이 동물이라니까." 태어난 시간과 날짜를 알려주면 점성술사나 스님이 '키치'라는 문건을 써주는데 거기에 전생부터 미래의 인생 굴곡이 적혀 있단다. "나르셸이 이번 생에 복을 많이 지으면 다음에도 사람으로 태어나고, 죄를 많이 지으면 새가 될 거래." 죄도 실컷 짓고 새가 되는 게 남는 장사인 것 같다.

한 시민단체 대표인 탄딘은 오스트레일리아에서 사회학 석사를 받았다. 그는 자기 딸이 전생에 '나가(인도 신화에 나오는 뱀의 종족)'의 공주였다고 생각한다. 믿으려 작심하면 증거야 널렸다. 임신했을 때 탐스러운 뱀이 과일처럼 주렁주렁 나무에 걸린 꿈을 꿨다. 스님이 써준 키치에도 그렇게 나온다. 게다가 딸은 탄 음식이라면 기겁하는데 그게 다 나가의 특징이다. 그가 키치를 우스개 반 진담 반하며 대체로 믿는 까닭은 자기 팔자 때문이란다. "마흔 살까지 무지 고생한다고 그랬거든. 남자 잘못 만나서. 내가 딱 그렇잖아. 그래도 이번 생에서 좋은 일 많이 해 공덕을 쌓아야지. 잘못하면 다음 생에 닭으로 태어난다고 했어."

모든 아기에게는 '수호 절'이 있다. 아기가 태어나면 이름은 라캉(각 지역의 대표 절)에서 스님한테 받는다. 때론 스님이 바쁜 건지 깊은 뜻이 있는 건지 형제 넷 이름을 똑같이 붙여주기도 한다. 하여간 이름을 주는 라캉은 일종의 심리적 둔덕이기도 하다. 애가 아프거나 인생이 꼬이면 라캉에 가서 공양이라도 드려볼 수 있다. 반대로 공양을 소홀히 했다간 애가 병나는 수가 있다. 큰 액운이 닥치면 '공양을 소홀히 했구나'라고 말이 되건 안 되건 이유라도 있는 게, 속수무책으로 당하는 것보다는 견디기 낫지 않을까. 그런데 요즘은 자기 '지정' 라캉에 가기가 그리 쉽지 않다. 젊은이들이 고향을 떠나 수도 팀푸로 몰려들기 때문이다. 스물다섯 푼조도 동쪽 끝 타시강에서 팀푸로 와 여행가이드로 일한다. 고향 절에 공양못 드려 화가 닥치면 어떻게 하냐니까 걱정 말란다. "어머니가 하루가 멀다고 그 절에 가 기도하시는걸요."

공양으로는 성이 안 차는지 부탄의 아이들은 구루 림포체 등 고승들의 초상화를 담은 목걸이를 걸고 다닌다. 나르셀은 목걸이가 무려 세 개다. 평생 나르셀을 지켜줄 목걸이다. 한 발짝 앞을 볼 수 없는 인생이니 부모

윤회 　"슬퍼할 일은 아니야. 아버지가 다음 생엔 더 행복하게 태어나길 바랄 뿐이야.
전생 　그 깃발에 적힌 만트라와 함께 아버지의 영혼도 허공에 흩어지겠지."

는 목걸이에라도 의지하고 싶은지 모르겠다.

별별 공양도 목걸이도 죽음 앞에서야 별수 없다. 오전까지 멀쩡하던 지왕의 아버지는 호흡곤란 증세를 보이더니 오후에 숨졌다. 쉰넷의 그는 주검으로 다시 아기가 됐다. 장례를 치르는 날 화장터에 가보니 장작더미가 다섯 개다. 장작더미 속에 시신이 있는 줄 몰랐다. 부피가 너무 작았다. 같이 간 친구 예시가 그런다. "뼈를 꺾어서 몸을 작게 만들고 흰 천으로 덮어서 그래."

다섯 구 가운데 두 구 위에는 노란 천으로 장식한 캐노피가 올려져 있다. 다른 세 장작더미엔 천만 덮었다. 부자와 가난한 자는 마지막으로 받는 밥상도 달랐다. 캐노피 장식 앞에 차린 밥상엔 찬이 두세 개 더 있다. 돼지고기 요리 팍샤도 비계가 더 실하다. 밥상이 놓이자 개들이 몰려들었다. 새끼 치는 철인지 강아지가 떼로 모였다. 살아 있는 것들은 징그럽게 배가 고팠다. 문상객들이 쫓았지만 개들은 돌아서는 시늉만 하다 다시 킁킁거렸다.

"술 때문이야." 지왕 아버지의 죽음에 대해 사람들이 소곤거렸다. 군부대 배관공이었는데 직장을 잃고 난 뒤 몇 년 째 일이 없어 술만 마셨다. 지왕 엄마가 호텔 청소로 생계를 책임졌다. 대학을 졸업한 지왕도 직장을 못 구해 벌이가 없다. 지왕네는 장작 살 돈이 없어 왕에게 청원했다. 왕 덕분에 다행히 전기 소각로에서 아버지를 보내지 않게 됐다. 전기 소각로에선 주검이 빨리 타버려 스님들이 불경을 읊고, 영혼을 떠나보내는 예식을 치를 시간이 없다. 그래서 정말 땡전 한 푼 없지 않고서야 다들 꺼린다.

　누구 문상을 왔건 그날 장례 치르는 모든 주검 앞에 똑같은 액수로 부조를 한다. 불경을 읊던 스님은 버터와 우유, 밀가루를 섞은 덩이를 조금씩 뜯어 다섯 더미에 똑같이 뿌렸다. 자식들이 부탄 술 아라를 장작더미 위에 몇 번 붓더니 불을 붙였다. 두 시신을 장식했던 캐노피는 금세 힘없이 무너져 내렸다. 지왕과 문상객들은 아버지를 품은 장작더미 주위를 돌았다. 타닥타닥 세 시간쯤 지나자 다섯 구 모두 그저 재만 남았다. 상주는 이 재를 모아 화장터 뒤 흐르는 강에 떠내려 보냈다. 눈이 벌건 지왕이 말했다. "슬퍼할 일은 아니야. 아버지가 다음 생엔 더 행복하게 태어나길 바랄 뿐이야. 그런데 슬퍼하지 않을 수가 없네."

　좋은 날을 받아 지왕 가족과 친구들은 흰색 기도 깃발을 단 108개 장대를 바람 잘 부는 절벽에 세울 거다. 그 깃발에 적힌 만트라와 함께 아버지의 영혼도 허공에 흩어지겠지.

이것이 바로 소림축구

산양 같다. 해발 3000미터에 난데없이 축구 골대가 등장했다. 선수는 스님들이다. 아래만 승복이고 위에는 브라질 대표팀 티셔츠 따위를 걸쳤다. 열여덟 살 품 도지 스님은 축구화가 한 짝뿐이다. 친구 스님과 나눠 신는다. "어차피 이쪽 발로만 공 차는데요, 뭐." 그는 크리스티아누 호날두 광팬이다.

이 축구장에서 산자락을 더 타면 일종의 스님 고등학교인 도르지닥 절이 나온다. 그곳에 소속된 청년 스님 200여 명은 틀니 같은 실밥이 겨우 붙들고 있는 축구공과 함께 주말을 난다. 뻥 찼다간 공이 깎아지른 비탈을 타고 굴러 떨어진다. 딱 하나밖에 없는 공이다. 청소년 스님 장딴지 근육이 팽팽해진다. 그 가파른 길을 축지해 공을 건진다. 거의 소림 축구다.

이 젊은 스님들은 한국 직장인만큼 주말을 기다린다. 평일은 빡빡하다. 새벽 4시 기상, 두 시간 동안 아침 기도, 6시부터 8시까지 공부, 아침밥은 차로 때운다. 그 뒤에도 수업이 밤 10시까지 이어진다. 경전뿐 아니라 영어도 배운다. 중간·기말 시험도 보는데, 낙제하면 다시 들어야 한다. 고등학교 졸업하면 5~6년 걸리는 대학이 버티고 있고, 그걸 마치면 3년간 독방에서 명상한다. 그 기간엔 세수도 마음대로 못한다. 어차피 혼자인데 그냥 자버리면 어떠냐니까 그 과정을 다 거친 교감 소남 스님이 그런다. "지도 스님이 기가 막히게 알아차린다니까." 그렇게 버티면 라마가 된다. 3년 묵언수행의 효과는 뭐냐니까 소남 스님이 상 앞에 놓인 설탕을 보고 그런다. "이걸 갖고 싶다 쳐봐. 3년 그렇게 지내고 나면 뭘 갖고 싶다는 생각에서 좀 더 자유로워지지." 누구는 가지려고 죽도록 공부하고 누구는 가지고 싶은 마음을 버리려고 죽도록 공부한다.

2학년 우겐 스님은 스마트폰을 달고 산다. 몰래몰래 보는 거 다 들켰다. 경전 밑에 숨겨놓고 볼 때도 있다. 보통 학교를 다니다 1년 전에 머리 깎았다. 그렇게 세상이 궁금하면 왜 들어왔나. 그래도 여기가 좋단다. "새, 바람 소리만 들리는 밤이 얼마나 평화로운지 몰라요. 도시가 그리운 적 한 번도 없어요. (진짜일까? 휴대폰 충전이 빵빵한데.) 세상 모든 생물들을 위해 명상하는 사람이 되고 싶어요. 세상사에서 벗어나 도를 닦는 게 얼마나 자유로운지 몰라요. 얽매는 게 없고 걱정이 없잖아요. 어릴 때부터 스님이 멋있게 보였어요. 다음 생에 사람으로 다시 태어날 수도 있고 부모님에게도 좋은 일이에요." 스물한 살 우겐 스님은 새벽 4시에 칼같이 일어나야 하는 곳에서 더 자유롭단다.

왜 일요일이 '주일'이 됐는지 뭔 상관인가. 늦잠 잔 스님들 얼굴이 해사하다. 주말엔 오전 7시까지 잘 수 있다. 게다가 텔레비전을 볼 수 있

| 스님의
축구화 | 스님은 축구화가 한 짝뿐이다. 친구 스님과 나눠 신는다.
"어차피 이쪽 발로만 공 차는데요, 뭐." |

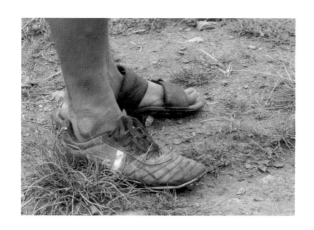

해발 3000미터 축구장
산양 같다. 선수는 스님들이다. 거의 소림 축구다.

다. 토요일 밤 점호, 엄숙하다. 교감 소남 스님은 말 한 마디 않고 버티고 있다. 이 순간만 넘기면 품 도지 스님은 호날두를 만날 수 있을지 모른다. 도르지닥 절엔 텔레비전 방이 네 개 있다. 할리우드 영화, 인도 오락 방송, 축구, 뉴스 등을 트는 방인데 당연히 뉴스방은 텅텅 비었다. 축구방은 북새통이다. 우겐 스님이 그런다. "인도 오락 방송 중에 〈인디아 갓 탤런트〉라고 있어요. 오디션 프로그램인데 스님들마다 미는 참가자가 한 명씩은 있다니까요." 우겐 스님은 할리우드 영화방 일편단심이다. "〈타이타닉〉과 〈해리 포터〉를 좋아해요. 〈타이타닉〉은 열 번도 넘게 봤어요. 러브스토리가 정말 감동적이지 않아요?"

일요일 아침, 안개 사이로 흰 랑구르 원숭이 몇 마리가 나무에 매달려 있다. 한 스님이 앉아 과자로 원숭이를 약 올렸다. 아침 기도 시간이 지나면 일종의 장기자랑 대회가 열리고 그다음엔 오매불망 축구다. 도지 스님은 아끼는 가죽재킷을 꺼내 입었다. 인도 국경마을에서 넘어온 거라는데 표면이 현무암처럼 닳았다. 까까머리 이등병 같은 스님들이 큰 대야에 버터차를 끓이고 식빵을 뜯어 먹으며 동료들의 축구 경기를 봤다. 햇살이 노곤하니 개 한 마리가 앉아 뒷다리로 옆구리를 긁었다.

이 경기를 호화판 좌석에서 지켜보는 스님이 한 명 있다. 호화판이라고 한 까닭은 흙바닥은 같은데 그 옆의 다른 스님이 우산으로 해를 가려주기 때문이다. 이 스님은 혼자 노란색 승복을 둘렀다. 볼이 오동통한 열 살이다. 보통 꼬마가 아니다. 린포체다. 다시 말해 어느 큰스님의 환생이란다. 세 살 때 판명 났다. 우산 씌워주는 거 말고 이 꼬마를 봐주는 건

별로 없다. 공부도 형들과 똑같이 한다. 꼬마한테 말을 거니까 얼굴이 더 붉어졌다. 취미가 뭐냐니까 아주 작은 목소리로 답했다. "만화영화 보는 거예요." "무슨 만화?" 한참 망설이더니 눈을 내리깔고 말했다. "동물 나오는 거요." 옆에서 수행하는 우산 스님이 보탰다. "그러니까 〈톰과 제리〉 같은 거죠." 나랑 함께 간 빅토리아는 이 꼬마 린포체가 축복해주려고 손을 올린 걸 하이파이브 하자는 얘긴 줄 알고 받아쳤다가 옆의 우산 스님한테 한 소리 듣고 말았다.

　이 청년 스님들에게 왜 기도하고 공부하느냐 물으면 답은 거의 똑같다. "만물을 위해서." 그 기도가 대체 만물에게 어떤 도움이 되는지는 잘 모른다. 중요한 건 나도 너도 그 만물 가운데 하나라는 거다. 이 스님들은 아무 이유 없이 그날 밤 우리 일행의 이부자리를 봐줬고 낡은 부엌에서 밥을 해줬고 차를 따라줬다. 꼬마 린포체는 축복한 색실을 주며 우리를 보호해줄 거라고 했다. 든든했다. 이 축구광 스님들의 조건 없는 '기도빽'이 있으니까.

가난해도 기회는 있다

착한 남자는 거의 비슷하지만 나쁜 남자는 다 다르다. 도박하는 놈, 때리는 놈, 바람피우는 놈, 술 퍼마시는 놈……, 이걸 다 하는 놈들도 있다. 행복의 나라 부탄에서도 마찬가지다. 도박에 빠진 도지의 남편은 일진이 사나운 날은 도지를 때렸다. 도지는 이혼하고 행상을 한다. 천장 구멍으로 하늘이 보이는 판잣집 월세가 3000눌트룸(약 5만 원)이다. 부탄 만두인 모모를 팔아 월세 따라잡기도 숨이 차는데 그는 곧 죽어도 한 달에 200눌트룸(약 3500원)씩 저축한다. 아들의 10학년을 준비하는 거다.

부탄의 동쪽 트라시강 산골마을, 한 달에 한 번 발목까지 떨어지는 키라를 입고 엄마들은 산을 탄다. 우리로 치면 면사무소에 여성 소액저축을 돕는 은행원들이 오는 날이다. 이 아줌마들은 한 달에 100눌트룸 그러니까 한국 돈으로 1700원을 저축하러 왕복 네 시간을 걷는다. 아이들의 10학년을 준비하는 거다.

그 공포의 10학년은 뭔가? 초등학교부터 고등학교까지 부탄엔 12학년이 있다. 1학년에서 10학년까지는 공짜다. 삼시세끼 기숙사도 공짜다. 그런데 10학년에 시험을 쳐 60~70퍼센트 정도만 국립고등학교(11~12학년)에 진학할 수 있다. 국립학교는 계속 무료다. 부탄 대학 아홉 곳 가운데 여덟 곳이 국립인데 여기도 그렇다. 부모들이 돈을 모으는 까닭은 자녀가 그 안에 못 들 때 사립학교에 보내기 위해서다. 10학년만 나와서는 좋은 직장 잡기가 어렵다. 투어가이드도 12학년은 마쳐야 자격증을 준다. 그래서 애들은 시험을 치는 10학년을 지옥이라 하는데, 그건 지옥을 몰라서 하는 소리다. 한국 학생들을 본다면 복에 겨운 소리란 걸 알게 될 거다.

불평하는 목소리도 있다. 사립학교 교사로 일하는 체링이 그렇다. "부잣집 애들이야 10학년에 공부 안 해도 느긋하지. 부모가 돈으로 사립학교에 보내주니까." 학원은 없다. 과외는 금지지만 팀푸의 잘사는 애들은 몰래 받기도 한다. 11학년에 머리 깎은 도지 스님은 부촌인 모티탕에서 고등학교를 다녔다. "학교 선생님들이 몰래 과외를 해주거든. 한 번에 500눌트룸(약 8500원). 우리 형편엔 큰 부담이었어." 그래도 부모 애간장을 녹이는 '염산'급 교육 불평등 맛은 아직 못 본 것 같다.

무엇보다 공짜다. 부탄 정부가 애쓴다. 모든 정책의 근본인 '국민총행복' 아홉 가지 축 가운데 하나가 교육이다. 2015년 부탄 재경부 자료에 따르면 1인당 국내총생산이 한국의 10분의 1(2381달러)밖에 안 되지만 정부 예산 중 가장 큰 부분인 17퍼센트는 교육 몫이다. 1960년대 후반에 가서야 근대적 학교가 들어서기 시작했는데 2015년 부탄 재경부 자료에

부탄의 교육

공부하기 위해, 공부시키기 위해 이들은 산을 탄다.

따르면 6~12살 가운데 95퍼센트가 학교에 다닌다.

봄이 오면 해발 4000미터 이상 높이에 사는 유목민도 애들을 학교에 보낸다. 지난해 체추 연휴 때 열여섯 살 소녀 소남은 해발 3500미터에 있는 집에 봇짐 하나 달랑 메고 올라갔다. 방 한 칸이 식당이자 침실, 놀이터가 되는 집이다. 가족을 여름 내내 못 만났다. "산하고 부모님이 너무 그리웠어요." 소남은 아랫마을 기숙학교에 산다. 밥은 맛이 없지만 배는 안 고프다고 했다.

좋은 교육 받자고 수도 팀푸로 꾸역꾸역 올 필요는 없다. 교직 공무원 시험을 치르고 나면 젊은 선생님들을 시골로 보낸다. 이 선생님들에게 필요한 것은 다리 근육이다. 차가 안 다녀 이틀을 걸어가야 하는 학교도 있다. 그곳에서 5~6년 버텨야 도시로 전근 신청을 할 수 있는데, 배정은 국가가 각 지역 필요에 따라 한다. 한 단체의 대표로 보통 부탄 사람들의 3배쯤 월급을 받는 탄딘은 딸을 사립학교에 안 보낸다. "국립학교 선생님이 믿을 만하지."

가난해도 이 무료 교육 '사다리'를 타고 사회 상층부로 올라갈 수 있다. 부탄에서도 가난한 지역인 삼드룹 종칵에서 온 푼조는 1975년 처음 학교에 갔다. 학교가 마을에서 너무 멀어 학교 근처에 판잣집을 짓고 마을 애들이랑 같이 살았다. 교복은 달랑 하나, 여름엔 알몸으로 수영하며 교복을 말렸다. 푼조는 지금 4성급 호텔 매니저다. 체링이 다닌 초등학교는 집에서 세 시간 거리에 있었다. 한 친구는 숲길을 걷다 곰에게 공격당해 크게 다치기도 했다. 중학교 때는 기숙사에서 살았다. "항상 배가 고팠어. 밥을 나무숟가락에 담은 뒤 선생님이 손가락으로 숟가락 위를 싹 쓸어내거든. 평평하게 되도록. 딱 그만큼만 먹을 수 있었어. 선생님이 아주 무서웠어. 내 종아리엔 아직도 그때 맞아 생긴 상처가 있잖아." 영어를 유창하게 하는 체링은 여행사 사장이다. 수도 팀푸의 중산층이다.

예시는 아빠 얼굴을 모른다. 엄마는 여섯 살 때 숨졌다. 목수인 할아버지랑 살았는데 살림이 빠듯했다. "어릴 때 만날 뭘 팔러 다녔어. 채소를 많이 팔았어." 그는 부탄에서 제일 알아주는 국립대학 셰룹체를 나왔다. 공짜가 아니면 꿈도 못 꿨다. 그 셰룹체 대학은 수도 팀푸에 없다. 동쪽으로 굽이굽이 가다 세 번은 토해야 도착하는 곳에 있다. 지역 균형 발전을 위해 일부러 개발에서 소외된 지역에 국립대를 지은 거다. 대학만 덩그러니 있다. 아무것도 없다. 여기 대학생들은 안 노나? "모르는 소리. 밤에 몰래 기숙사를 빠져나가 아무 농가나 들러 아라(부탄 소주) 달라 그러면 주거든."

교육 '사다리'에 구멍도 많다. 부탄 정부가 허리띠 졸라매고 투자한다 해도 아직 가난한 탓이다. 열세 살 소녀 린진은 일곱 살처럼 보인다. 아기 돌보는 부탄판 '몽실 언니'다. 한 번도 학교에 못 갔다. 부모는 도로 건설 노동자인데, 학교가 공짜라도 못 보낸다. 린진의 벌이가 필요하기 때문이다.

나는 연필 한 자루, 너도 한 자루

    수도 팀푸에서 네 시간 거리인 시골 추카, 1년에 석 달은 안개에 싸여 있다. 추카 초등학교로 가는 길은 안개 터널이다. 히말라야 산 옆구리를 봉고 승합차 크기의 고속버스가 달린다. 안개 목구멍 속으로 빨려 들어가는 것 같다. 여기 고속버스 메들리는 인도 노래다. 쿵짝쿵짝 후루룩, 나는 오금이 저리는데 옆 승객은 깊은 잠에 빠졌다.

    정거장이랄 것도 없다. 그냥 대로변에 내려줬다. 산밖에 없다. 다행히 소남 선생님이 기다리고 있다. 소남 선생님은 내가 한국어를 가르치는 텐진의 사촌인데 팀푸에서 잠깐 만났을 때 하소연을 땅 꺼지게 했다. "필기도구가 너무 부족해." 그래서 오게 됐다. 소남 선생님이 까마득히 아래 반짝이는 불빛 몇 개를 가리켰다. "저기가 학교야."

    추카 초등학교 학생은 150명이다. 학교에서 걸어서 두 시간 넘게 걸리는 곳에 사는 애들 70여 명은 기숙사 생활을 한다. 숙식이 다 공짜다. 필기도구도 준다. 그런데 소남 선생님은 만날 "내가 떠나야지" 한탄이다.

여학생 기숙사 사감도 맡고 있는데 마음고생이 심하다. 교사 임용시험을 보고 첫 발령지가 추카였다. 여름철 거머리도 거머리지만 무엇보다 마음이 괴롭다. 남편이 있는 팀푸로 전근 신청을 하려면 이 오지에서 적어도 4~5년은 버텨야 한다.

"나는 선생이 적성이 아니야." 적성에 딱인 것 같다. 애들 힘든 꼴은 못 보는 선생님이다. 그래서 괴롭다. 학교 건물은 백오십 살 된 노인이 겨우 서 있는 몰골이다. 저녁 8시 30분 점호시간, 여학생 기숙사에 들어가니 일곱 살짜리부터 열여섯 살짜리까지 침대 위에 앉아 있다. 창문이 다 깨졌다. 뚫린 창문은 천을 쑤셔 넣어 막아 놨다. "여름엔 뱀이 들어올 수 있다니까." 소남 선생님의 한숨, 땅 꺼진다. 철제 이층침대에 매트리스도 부족해 한 침대에 둘씩 자는 애들도 있다. 매트리스가 화석 같다. 130눌트룸(약 2200원)짜리 침대 커버는 각자 사와야 하는데 그 돈이 없는 애들이 태반이다. 부모들은 자급자족도 빠듯한 농부다. 화장실은 걸어서 10분은 가야 나온다. 푸세식이다. 그런데 애들은 뭔가 재미난 일이라도 곧 벌어질 것 같은 표정이다.

1년 전부터 기숙사 생활을 한 예시는 일곱 살이다. 아홉 살 언니는 춤을 잘 춘다. 부모가 이혼한 뒤 애들이 붕 뜨게 됐다. 예시한테 물어봤다. "연필 몇 개 있어?" 아주 자신 있게 손가락까지 펴며 대답한다. "한 개." 언니한테도 물었다. "한 개요."

지그미는 올해 입학했다. 부모가 청각장애인이고 벌이가 없다. 무릎이 거북등 같다. "너는 연필 몇 개니?" "없어요." "비누는 있어?" "없어요."

추카 초등학교 아이들
무엇보다 이 애들은 논다.
학교 마당에서 구슬치기랑 배구를 한다.
까마득한 산자락에 앉아 노래도 한다.

소남 선생님 한탄이 장난스럽게 이어진다. "아이고. 내가 떠나야지." 애가 웃는다. 소남 선생님은 떠나지 않을 거다. 지그미가 쓸 비누를 자기 월급으로라도 살 거다. 그의 월급은 1만8000눌트룸(약 30만 원)인데 대출 빼고 나면 8000눌트룸(약 14만 원)을 손에 쥔다.

애들은 태평하다. 다음 날 일요일 아침 7시, 애들이 기숙사 청소를 하고 있다. 청소하나 마나다. 쓸면 뭐 하나. 늙은 건물이 '아이고' 한숨을 쉴 때마다 흙가루가 후두둑 떨어진다. 그래도 자기 구역은 쓸고 닦는다. 화장실 계단을 청소하는 린진에게 물어봤다. "학교 맘에 안 드는 거 없어?" "하나도 없어요." "진짜? 겨울에 잘 때 춥지 않아?" "친구랑 껴안고 자면 안 추워요." "밤에 화장실 갈 때 무섭지 않아?" "친구랑 같이 가면 하나도 안 무서워요." "정말 학교가 좋아?" "친구들이랑 노니까 재밌어요." 강아지를 쫓아다니며 뛰노는 이 애들은 리틀 부다인가. 안빈낙도의 달인들인가.

이날은 온 국민의 사랑을 받는 5대 왕의 생일이라 행사가 열렸다. 교장 선생님은 개교 이후 첫 외국인 등장에 긴장했다. "오늘 특별한 손님이 오셨어요. 미스 코리아." 나는 죄를 지은 심정이었다.

내가 다니던 '국민학교' 조회시간 같았다. 학생회장 여학생이 군대식으로 걸어 나와 부탄 국기 게양을 했다. 교장 선생님 말씀이 이어졌다. "아, 예, 오늘은 존경하는 5대 왕의 그……저……몇 번째 생신이더라?" 옆에 선 선생님이 속삭였다. "네, 서른여섯 번째 생신입니다." 일곱 살 예시는 코딱지를 파기 시작했다. 무념무상 고수의 솜씨다. 한 남자애는 지루한

지 앞에 선 애 머리에 슬쩍 꿀밤을 먹었다.

애들한테 싫은 게 뭔지 물으면 다 좋다고만 한다니까 소남 선생님이 조삼모사 기법을 알려줬다. "네가 교장 선생님이 되면 뭘 바꾸고 싶냐고 물어봐." 그랬더니 몇몇이 정말 넘어왔다. 부모님 벌이가 없는 킨리는 "양동이를 갖고 싶다"고 답했다. 빨래 때문이다. 다 제 손으로 해야 한다. 한 소녀는 "여학생 기숙사 유리창을 달고 싶다"고 했다.

동정은 섣부르다. 무엇보다 이 애들은 신나게 논다. 학교 마당에서 구슬치기랑 배구를 한다. 까마득한 산자락에 앉아 노래도 한다. 이 시골 애들은 자기가 가난하다고 생각하지 않는 것 같다. 나 연필 한 자루지만 너도 한 자루다. 일단 다들 배가 부르다. 묻지도 따지지도 않고 무상급식이다. 접시 하나 달랑 들고 가면 고봉밥을 얹어준다. 다만 식당은 지난 태풍에 날아가고 없다.

용인 사는 내 조카는 아홉 살인데 필기도구가 방바닥에 굴러다닌다. 걔가 가진 연필 다 합치면 아마 추카 학생들 전체가 가진 수량 비슷할 거다. 그런데 내 조카는 학원을 안 다니면 친구 사귀기가 힘들다. 자급자족도 빠듯한 부탄 시골 사람들은 교육비 걱정이 없는데, 아파트 사는 내 동생은 장래 학원비 때문에 노심초사다. 조카가 앞으로 겪어야 할 교육을 가장한 고문을 생각하면 부족한 것 없는 조카가 연필 한 자루뿐인 이 아이들보다 행복하다고 단언하기 힘들다.

슈퍼스타 국왕

새벽 5시 30분, 해도 뜨기 전에 벌써 애를 둘러업은 가족들이 보였다. 길거리 개들도 놀라 짖어댔다. 벌써 늦었다. 창리미탕 스타디움 앞에 키라와 고를 입은 행렬 끝이 아스라하다. 선착순 입장이다. 현재 왕의 아버지인 4대 국왕 지그메 싱기에 왕추크의 예순 살 생일 행사가 열리는 날이다. 몇 달 전부터 난리 북새통이었다. 내 직장 동료이자 여섯 살짜리 딸을 둔 체링은 한 달 동안 퇴근 후에 4대 왕에게 선사할 춤 연습을 했다.

누가 시킨 게 아니다. 한 고등학교에서는 아침 조회시간마다 4대 왕의 업적에 대해 토론했다. 내가 다니는 체력훈련장엔 하루 운동 계획 옆에 "4대 왕의 생일을 맞아 반드시 운동량을 채우자"고 쓰여 있다. 한 신문에는 닭살 돋는 사설이 실리기도 했다. "그는 내가 가장 사랑하는 꽃, 매일 물을 주지." 그리고 그 모든 준비의 정점이 바로 오늘이다.

나와 텐진, 두 사람이 겨우 엉덩이 들이밀 공간을 발견했다. 행사 시작까지는 자그마치 세 시간이나 남았다. 한참 조는데 텐진이 깨운다. 흰말을 앞세운 왕의 행렬이다. 왕에게만 허락되는 샤프란 색깔 숄을 걸친 두 남자가 스타디움에 들어서자 모두 기립했다.

부탄 사람들은 왕을 강렬하게 사랑한다. 그런데 현 5대 왕이 40분 넘게 연설해버려 그 사랑을 시험에 들게 했다. 4대 왕의 업적을 조목조목 짚은 연설이었다. "열여섯 살이던 그가 왕위에 오른 1972년의 상황은 지금과 완전히 달랐습니다." 옆에 앉은 가족이 부스럭부스럭 라면땅 과자를 꺼내 먹기 시작했다. 햇살이 쏟아지자 애들은 잠들었다. 운동장에 도열했던 백마가 자꾸 도망가려 했다. 관중은 말의 도피 행각에 더 집중했다. 막판에 5대 왕은 왕비의 임신 소식을 알려 백마한테서 주도권을 뺏었다.

다 함께 왕을 위한 기도를 낭송한 뒤 춤이 이어졌다. 부탄 전통춤은 유연성 제로 막대기 몸에 최적화돼 있다. 거의 앞뒤로 왔다 갔다만 한다. 학생팀, 직장여성팀에 부탄 소수민족의 네팔과 티베트 춤이 이어지는 사이 나는 깊은 잠에 빠져들었다. 등받이가 없어 몇 번이나 뒤로 벌렁 넘어갈 뻔했다. 꿈결같이 텐진의 목소리가 들렸다. "선생님, 괜찮으세요?"

부탄 사람에게 절대 하지 말아야 할 것은 왕 욕이다. 특히 4대 왕의 인기는 절대적이다. 왜냐. 하필이면 타시에게 물었다. 그는 친절한데 말이 무지무지 많다. "4대 왕이야말로 최고의 사회사업가지. 그가 없었으면 우리가 어떻게 독립을 지켰겠어. 게다가 잘 사는 사람들은 더 잘 살고 못 사는 사람들은 더 못 살게 됐을 거야. 그리고 또 얼마나 검소하신지 몰라. 4대 왕 집에 가봐. 방이 두 개밖에 없어. 그리고 항상 전통옷만 입으시지.

부탄 아이들
국민총생산이 한국의 10분의 1수준인 부탄에서는 교육과 의료가 공짜다.

그리고 또⋯⋯." 타시가 이렇게 침 튀기는 데는 이유가 있다. 그는 스물한 살에 양쪽 신장이 모두 고장 났다. 기증자를 구했고 인도 병원에서 이식 수술을 받았다. 이 모든 비용은 부탄 정부가 냈다. 타시는 병원이 무료인 부탄에서 태어나지 않았다면 가난한 자기는 죽었을 거라 생각한다. 그리고 그 무상의료를 강력하게 추진한 사람이 4대 왕이다.

텐진에게도 물었다. "4대 왕이 없었으면 지금 부탄은 없어요. 학교를 공짜로 만든 것도 4대 왕이에요." 부탄 일간지 〈쿠엔셀〉을 보면, 1972년에 고등학교는 네 곳, 중학교는 열다섯 곳밖에 없었는데 지금은 아동 취학률이 90퍼센트다. 부탄에서 가난한 지역인 삼드룹 종칵에서 태어난 소남은 처음 학교에 갔을 때를 기억한다. 이 지역에 학교가 들어선 건 1975년이었다. 정부 관료가 집집마다 돌며 학령기 애들을 찾았다. 부모들은 무서워 애들을 숨기기도 했다. 그렇게 집에서 하루 거리에 있는 학교에 가게 됐다. 학교 옆에 판잣집을 짓고 동네 애들이 함께 살았다. 마을 부모들이 순번을 정해 판잣집에 머물며 애들을 돌봤다. "처음엔 흑판에 분필로 썼는데 몇 년 지나니 학교에서 밥이랑 책, 공책 다 줬지." 유엔이 정한 최빈국 48개 나라 가운데 하나인 부탄에서 1인당 국민소득 3만 달러가 넘는 한국이 꿈도 안 꾸는 무상교육, 무상의료를 시도하다니 무슨 배짱일까.

배짱에 가까운 비전은 효과가 있었다. 1960년대 처음으로 세계에 빗장을 푼 부탄은 4대 왕 재위 기간 34년 동안 급속하게 발전했다. 1인당 국민소득은 1980년 325달러에서 2006년엔 1348달러로 뛰었다. 기대수

명은 46세에서 66세로 늘었다. 하루 소득 1.25달러에서 2.5달러 사이를 기준으로 보는 빈곤율은 2003년 32퍼센트에서 2013년 12퍼센트로 떨어졌다. 국민총생산보다 중요한 것은 '국민총행복'이라고 주장한 것도 그다. 가난해도 공부만 하면 국가에서 유학도 보내줄 거라는 믿음, 돈이 없어도 병원만 가면 치료 받을 수 있다는 믿음이 없었다면 아무리 속 편한 부탄 사람들이라도 미래 걱정에 붙들리지 않고 현재에 만족하기는 힘들었을 것이다.

무엇보다 그는 왕정 좋다는 사람들에게 민주주의를 선물했다. 이 4대 왕은 2006년 스스로 왕좌에서 내려왔다. 왕의 정년도 65세로 정했다. "언제나 좋은 왕일 거란 기대로 한 사람이 나라를 좌지우지하게 두는 것은 위험하다"며 헌법 초안을 마련했다. 당시 기사를 보면 사람들이 얼마나 충격을 받았는지 알 수 있다. "그나마 위안은 그래도 왕이 우리 곁에 계실 거라는 거다." 왕좌에서 내려온 그는 자전거 타는 남자가 됐다. 4대 왕의 뜻을 따라 5대 왕은 전통과 숲의 보호를 못 박은 헌법을 공표하고 2008년 입헌군주제를 선포했다. 아버지가 방 두 칸짜리 집에 사니 아들 왕이 호사를 부릴 수는 없는 일이다. 정부종합청사 옆에 있는 아들 왕의 처소는 궁전이라기보다는 일반 단독주택처럼 보인다.

오후 1시께 스타디움 행사가 끝나고 비몽사몽으로 행렬에 밀려 나왔다. 시내 곳곳에서 다른 공연이 이어졌다. 젊은이들은 브레이크댄스를 추고 4대 왕에게 바치는 랩을 했다. "카딘체(고맙습니다), 카카카카카딘체."

쿠주장포라

이곳은 '어쩌다'의 행운이 아직 통하는 도시다. 문만 열고 나가면 친구가 된다.
"쿠주장포라(안녕하세요)?"

부탄 사람인 게 다행이야

부탄은 병원이 공짜란다. 양의뿐 아니라 전통의도 그렇다. 진짜일까? 꾀병을 부려 병원에 갔다. 팀푸에 있는 전통의학병원은 ㄷ자 모양으로 앉은 단층 한옥을 닮았다. 접수처에 가니 이름과 나이만 묻는다. 18번 방으로 가란다. 들어가니 할머니 한 분이 허리에 부항을 뜨고 있다. 의사는 개량승복 같은 주홍색 조끼를 걸쳤다. 머뭇대니 들어오란다. "눈만 뜨면 피곤해요." 사실이다. 철 든 이후 만날 이랬다. 딱히 아픈 건 아니라 괜히 거짓말 같다. 의사가 맥을 짚고 이어 혈압을 잰다. 꾀병이라 할까 조마조마하다. "아무 이상 없는데요." 민망하다. "그래도 약을 지어드릴 테니 아침저녁 드세요." 갈색 염소똥 모양 알약을 준다. 계피 향이 났다. 다 공짜다. 양의병원에 가면 엑스레이 등 검사도 그냥 해준다. 다만 운이 안 맞으면 기다리다 득도하는 수가 있다.

여기까진 그럴 수 있다 치자. 국립종합병원에서도 못 고치겠다 싶으면 보호자까지 붙여 인도 병원으로 보낸다. 그 병원비, 교통비, 체류비를 나라에서 다 내준다. 환자가 누구건 상관없단다. 뻥이겠지? 부탄이 어떤 나라냐. 2015년 세계은행 자료를 보면, 1인당 국내총생산이 한국의 10분의 1(2381달러)밖에 안 된다. 때때로 전기가 나가 이른 밤 로맨스를 부추기는 나라다. 외국의 지원이 없으면 국가재정이 휘청거린다.

"내가 갔다 왔잖아. 콜카타." 여행 가이드 체링이 그런다. 지난해 부인 신장 옆에 담석이 생겼단다. 수도 팀푸 종합병원까지 갔는데 의사들이 수술을 꺼렸다. 신장이 다칠 우려가 있다는 거다. 인도 콜카타 큰 병원으로 가라 했다. 부인과 체링의 차비를 부탄 정부가 줬다. "몸을 못 가눌 정도로 아팠으면 비행기 삯이 나왔을 텐데." 콜카타에서 부인은 입원하고 체링은 부탄대사관이 마련해준 숙소에 머물렀다. 시설은 후졌다. 푹푹 찌는데 에어컨 없이 팬 하나 달랑 천장에서 돌아갔다. 방 하나에 다른 부탄인 간병 가족 대여섯과 함께 머물러야 했다. 그래도 공짜다. 식비로 하루에 150눌트룸(약 2550원)이 나왔다. "처지가 비슷한 사람이 여럿 있다 보면 재밌다고. 면회가 오전, 오후 딱 한 시간씩밖에 안 됐거든. 나머지 시간엔 간병인들끼리 영화도 보고 시내 구경도 하고 그랬지."

그래서 부탄이 의료 천국이냐? 2015년 세계은행 자료에 따르면, 2013년에 태어난 한국인 평균 기대수명은 81세, 부탄은 68세이다. 일단 진단을 받아야 인도건 어디건 병원으로 보낼 게 아닌가. 의사가 '한 줌'이다. 현대식 의대가 없다. 정부가 장학금을 줘 다른 나라에서 공부시켜 온다. 2015년 부탄 복지부에서 나온 자료를 보면, 전국에 의사는 185명이다. 그중 37명은 외국인이다. 인구 3만 명이 등록돼 있는 '하' 지역에 양의 2명, 전통의 1명 있다. 한국으로 치면 보건소가 있는데 거기 일하는 사람들은 의사가 아니다. 기본 의료 교육을 받은 공무원이고 그것도 한 보건소에 한두 명밖에 없다. 산골짝 동네에선 그 보건소까지 가는 데 두 시간씩 걷는 일도 태반이다.

수도 팀푸 종합병원 어린이 물리치료실에서 만난 열다섯 살 소남은 일곱 살도 안 돼 보였다. 뇌성마비로 몸을 못 가누는데 세 살 때까지만 치료받고 병원 발길을 끊었다. 최근에 자원봉사자가 부모를 설득해 다시 오게 됐다. 그새 다리가 가부좌 틀고 앉은 모양 그대로 굳어버렸다. 물리치료사 둘이 소남을 잡고 근육을 풀어주는데 가끔 아픈지 인상을 썼다. 소남의 이웃 아이는 근육이 흐물흐물 풀려 문제다. 몸을 묶어 일으켜 세워주는 장치 위에 앉히자 웃었다. 만날 바닥에 엎드려 올려다보다 갑자기 세상이랑 눈을 맞추게 됐다.

병원비에다 보조기구 다 공짜인데 부모는 왜 애를 병원에 안 데려왔나. 이 병원 창고에는 기증받은 휠체어 대여섯 개가 놓여 있다. 휠체어가 있으면 뭐 하나. 팀푸는 산동네다. 길은 잔뜩 얽었다. 휠체어로 곡예를 하느니 차라리 걷고 마는 거다. 소남 엄마는 병원에서 걸어서 50분 떨어진 데 산다. 혼자 옷감을 짜 아들 둘을 키운다. 택시 타고 다닐 형편이 아니다. 몸 뒤틀린 소남을 등에 업고 걷는다. 앙상한 소남이지만 앙상한 엄마에겐 버겁다.

그나마 소남은 수도 팀푸에 산다. 하 지역에서 온 일곱 살 데신은 이제까지 한 번도 치료를 못 받았다. 농부인 부모가 밭에 나가면 몸의 반이

마비된 데신은 홀로 방에 앉아 저녁이 되길 기다렸다. 그러다 물리치료실에서 공놀이를 하니 신났다. 더 놀고 싶은 게 역력하다. 그런데 한 달여 팀푸에 머물던 데신 부모는 이제 하에 있는 집으로 돌아가려 한다. 농사를 손 놓고 있을 수는 없다. 하 지역엔 물리치료사가 없다. 자원봉사자 앨리스는 속이 탄다. "팀푸까지 아이를 데려온 부모들은 기대가 아주 커. 한 번도 병원에 못 가보고 열두 살이 돼 몸이 뒤틀린 채 굳어버린 아이인데 부모는 한 달 안에 혼자 밥을 먹게 해달라고 하지."

부탄은 그래도 애쓴다. "국민총생산보다 국민총행복"이 모토인 나라다. 무상의료는 국민총행복의 주요 기둥 중 하나다. 콜카타에서 부인 수술을 무사히 마친 체링은 원무과 창구에서 이런 생각을 했단다. "치료비를 마련하지 못해 전전긍긍하는 인도인들이 많았어. 나는 아무 걱정 안해도 되잖아. 부탄 사람이라는 게 그렇게 다행스러울 수 없었어." 적어도 부탄에선 온갖 첨단의료시설을 코앞에 두고도 돈이 없어 써보지 못하는 절망감은 덜 느낄 것 같다. 다만 그 의료시설이란 게 잘 안 보인다.

우리는 그렇게 모두 하찮았다

부탄은 콧대 높은 나라다. 개인 관광이 안 된다. 외국인은 여행사를 통해서만, 그것도 하루에 200~250달러를 내야 들어올 수 있다. 그 값엔 가이드, 호텔 숙식, 교통비 따위가 모두 포함된다. 그 이하로 쓸 사람은 놀러 오지 말란 거다.

이렇게 까탈스럽게 구는 데는 이유가 있다. 부탄 헌법은 최소한 숲의 60퍼센트를 그대로 보존해 후손에게 물려줘야 한다고 못 박고 있다. 모든 정책의 근간인 '국민총행복'의 주요 항목 가운데 하나는 문화 보존이다. 이 둘을 지키는 데 관광객이 많이 들어와 좋을 게 없다. 수는 줄이고 돈은 풀게 하자는 정책이다.

체류 중인 외국인이야 히말라야 트레킹을 가이드 안 끼고 갈 수는 있다. 갈 테면 가보시라. 산이 큰형님이다. 저희들끼리 오르겠다는 불손한 외국인들은 그 큰형님이 다 손봐준다. 해발 4000미터까지 텐트 지고 올라가보라. 게다가 이정표가 없다. 팀푸 뒷동산만 가도 길 잃고 개 짖는 소리에 혼비백산 내려오기 일쑤다. 그러니 여행사에 손 벌리게 된다.

그래도 히말라야 콧바람은 쐬어봐야 하지 않겠나. 여행 책에서 그나마 제일 짧고 쉬운 코스로 골랐다. 팀푸 근처 게니카에서 참강까지 가는 다갈라 트렉 4박 5일 여정. 인원은 미국인 셋에 나 포함 넷이다. 하루에 100달러다. 거의 '귀족' 등산이다. 말 일곱 마리, 요리사 한 명과 보조, 가이드가 따라간다. 이 외국인들은 제 몸만 끌고 가면 된다.

제 몸이 원수다. 빗물과 설사가 주르륵주르륵 흘렀던 똥 트레킹의 시작이다. 해발 2300미터 팀푸에 살다 보니 고산병은 안 걸렸지만, 고도가 올라갈수록 허파가 목젖까지 바짝 차고 올라왔다. 하루에 대여섯 시간씩 걸었는데 이보다 문제는 창자였다.

우리 요리사는 성실한 사람이었다. 한 끼에 반찬이 세 가지다. 첫날 고사리, 버섯, 치즈에 감자를 넣은 '케와다치'가 나왔다. 처음엔 우와, 달려들었다. 이튿날 케와다치, 고사리, 버섯이, 그 다음 날 버섯, 고사리, 케와다치가 나왔다. 말이 한정 없이 지고 올라갈 수 없다 보니 조삼모사 되는 거다. 요리사는 지치지 않고 부탄 요리를 만들었고, 나는 컵라면 한 젓가락에 영혼을 팔 수 있을 것 같았다.

사흘째 되는 날부터 재난이 벌어졌다. 네 명 중 셋이 안절부절 못했다. 설사 대란이다. 그 전까지 나는 자연 속에선 항문이 자동폐쇄됐다. 그 법칙이 설사병 하루에 다 깨졌다. 셋째 날 밤은 잔인했다. 장은 더할 나위 없이 까다롭게 굴었다. 숲속의 밤은 깊었다. 개까지 어디서 나타나 짖어댔다. 항문과 사투를 벌인 다음 날 우리는 속력을 냈다. 어느 때보다 날

히말라야 트레킹
갈 테면 가보시라. 산이 큰형님이다.
저희들끼리 오르겠다는 불손한 외국인들은 그 큰형님이 다 손봐준다.

쌨다. 이것은 설사와 요리사로부터의 탈주였다.

설사로는 부족했던 걸까. 우기의 끝자락을 잡았다. '트루밥'이라는 '성스러운 비의 날'이 걸렸다. 그날 모든 물방울은 축복이다. 그 물방울을 맞으며 '티티티' 소리를 내면 죄가 씻긴다. 부탄 사람들은 전날 밤 물을 받고 꽃잎을 띄워 밖에 둔다. 달의 정기까지 담은 그 물로 트루밥 날에 씻는다. 앞으로 10년간 죄를 지어도 될 만큼 나는 아주 순결해졌다. 미친 듯 비를 맞았다. 원래는 보였어야 할 히말라야 설산들이 싹 다 사라졌다.

그 빗속에서 신기루처럼 야크 유목민 집이 나타났다. 안개구름 속에서 짧은 머리 아주머니가 땔감 몇 개를 안고 엄청난 슬로모션으로 내려오고 있었다. 손가락도 장작 같다. 그가 우리를 스쳐 돌덩이를 올려 만든 집으로 내려갔는데, 그것이 바로 눈길로 하는 초대였다. 사위, 딸, 여섯 살 손자와 네 살 손녀를 뒀다. 다 볼이 발그레하다. 야크 젖을 짜 치즈, 버터를 만든다. 야크를 죽이진 않는다. 그건 죄란다. "해가 뜨면 일어나고 해가 지면 자요." 방 한 칸이 다다. 벽엔 국자 네 개와 냄비 두 개가 걸려 있고 선반엔 쌀을 볶아 만든 '자오'가 있다. 전기는 없다. 시계, 가스레인지 아무것도 없다. 태양광 충전식 라디오 하나만 달랑 있다. 다섯 달 여름을 여기서 난다. 방 가운데서 나무를 때는데 그 불로 이 처음 보는 외국인들에게 버터티를 끓여 줬다. 그냥, 아무 이유 없이.

우리 여행을 뒷받침해주는 스태프 가운데도 유목민 마을 출신이 있었다. 스태프 중 서열 꼴찌, 심부름꾼 청년 도지다. 그는 도통 말이 없다. 1년 전에 돈 벌 수 있다는 친구 말 따라 팀푸로 왔다. 그때부터 하루에 1000눌트룸(약 1만 7000원)을 받고 여행객 수발을 든다. 30킬로그램이 넘는 등짐을 진 도지가 면 점퍼 하나 입고 빗속을 걸어 점심상을 차려 놓으면, 고어텍스 점퍼를 입은 우리 외국인 관광객은 몸만 달랑 움직여 먹기만 하면 됐다. 도지가 답을 안 해줘 가이드 체링에게 "왜 도지가 고향을 떠났을까" 물으니 그런다. "요즘 누가 산에 살고 싶어 해요? 다 도시로 가려 하죠."

히말라야가 그리 속이 좁지는 않나보다. 마지막 날 새벽, 가이드 체링이 급하게 깨웠다. 먹구름이 찢어진 그 사이로 설산이 보였다. 그 신들이 사는 봉우리들 앞에서. 우리는 그렇게 모두 하찮았다. 하찮은 우리는 그 안에서도 나뉘었는데, 맨 위엔 서비스를 즐기는 외국인 관광객, 맨 아랜 고향을 떠난 청년 도지가 있었다.

그렇게 하찮은 우리는 모두 그 산 앞에서 넋이 나가 말이 없었다. 그때 누군가 방귀를 뀌었다. 나도 장에서 신호가 왔다. 우리는 누구나 똥을 누는 것들이었다. 이 아름다운 땅에 우리는 누구나 똥을 눌 축복을 받고 태어났다.

신들의 왕국

신들이 사는 곳. 그곳에서 우리는 그렇게 모두 하찮았다.

나는 그냥 행복하고 싶어

'당신 자신을 사랑하세요.' 부탄 게이, 레즈비언, 양성애, 트랜스젠더 모임인 'LGBT 부탄' 페이스북 사이트에 들어가면 이런 문구가 뜬다. 커뮤니티를 만든 데첸 셀던만큼 그 문구에 충실한 사람을 나는 별로 만나 본 적이 없다. 그는 2008년 커밍아웃한 부탄 첫 트랜스젠더다. 낮에는 부탄 복지부에서 일하고 밤에는 클럽에서 춤춘다. 스물다섯 살, 배우이고 두 아들을 둔 엄마이기도 하다.

데첸은 원색을 좋아한다. 입술은 새빨갛고 키라는 샛노랗다. 자랑도 원색이다. "남자친구는 아니고 밀당 정도 하는 사이는 수십 명은 될 거야. 내가 예쁘잖아. 성급하게 결정하면 안 되지. 누가 나한테 맞는지 알아가는 중이야. 내가 사실 어떤 옷도 잘 어울리고 매력이 있잖아. 유머도 있고. 사람들이 매력적인 사람이 되는 방법을 많이 묻는데 비결은 하나라니까. 항상 자기 자신이 되는 거야." 내친김에 자기 댄스 동영상을 보여준다. 온통 웨이브다. 예의상 잘 춘다니까 눈을 찡긋하며 그런다.

"타고나야 한다니까." 데첸의 원색적인 자랑엔 묘한 매력이 있다. '너보다'가 없다. 너보다 내가 더 예쁜 게 아니다. 자기가 좋은 걸 얘기한다. 솔직히 데첸의 춤은 별로였다. 패션도 내 스타일은 아니다. 그런데 부러웠다. 질투가 났다. 나는 항상 내게 애증과 교정의 대상이었던 것 같다. 이 여자에게는 세상이 다 자길 버려도 곁에 있어줄 포근한 짝이 이미 있다. 바로 자기다.

남쪽 치랑에서 태어난 그는 아주 어릴 때부터 자기가 여자라고 생각했다. 소녀 친구들을 떼로 몰고 다녔다. "아주 시끄러운 애였어." 학교를 들어가면서 고민이 커졌다. "교복으로 남자 전통옷인 고를 입어야 했는데 그게 그렇게 못 견디게 불편한 거야." 왕따를 당하지는 않았지만 '차카(여자 같은 남자)'라고 놀리는 애들은 있었다. 열네 살 때 데첸은 여성 옷인 키라를 입게 해주지 않으면 학교를 안 가겠다 버텼다. 신문에 인터뷰도 했고 교육부 장관한테 편지도 썼다. 학교가 졌고 그때부터 그는 여자였다. 졸업 후 미용사로 일했는데 인기가 하늘을 찔렀다고 한다. "내가 또 센스가 보통이 아니거든." 영화도 다섯 편 찍었다.

자기를 사랑하는 게 자기 혼자만 용쓴다고 쉽게 되는 일은 아니다. 수용의 공기가 그를 키웠다. 어릴 때는 엄마가 "사람들이 뭐라 그러겠니"라는 말을 많이 했다는데, 막상 그가 여자라고 선언하자 어머니는 한 번도 가져보지 못한 비싼 천을 사다 여성 전통옷 키라를 만들어줬다. 군인인 아버지나 형제자매 네 명도 그냥 받아들였다. "부모님이 나를 얼마나 자랑스럽게 생각하는데, 왜냐면 나는 좋은 인간이니까." 언니는 두 아들을 동생에게 맡겼다. "나는 아주 엄격한 엄마야. 그렇다고 강요하진 않아. 나를 믿고 애들도 믿어. 애들을 관찰하고 경험을 나누려고 할 뿐이야. 애들의 희망을 보조해줄 뿐이라고." 애들 꿈을 그가 대신 꾸지 않는다. 자기가 하고 싶은 게 많다. "지금은 시작 단계인 LGBT 커뮤니티를 더 크게 만들고 싶지. 잘 알지 못해서 숨는 사람들이 많거든."

내 머릿속에 '성소수자는 사회적 차별의 대상'이란 공식이 단단한 걸까. 자꾸 따져 묻게 된다. 취직할 때 정말 트랜스젠더인 게 문제가 안 됐냐고. 차별받은 슬픈 기억이 없냐고. 데첸은 고개를 저었다. 데첸 옆에서 듣고 있던 페마 도지가 보탰다. "내 생각엔 교육받은 사람들보다 시골 사람들이 다른 성적 취향을 더 잘 받아들이는 것 같아. 부탄 시골에선 일만 잘하면 돼. 또 불교는 공감이 바탕이거든. 그냥 자기 인생 살게 내버려두지. 그런데 발리우드 영화들이 들어오면서 게이에 대한 사회적 편견이 심해지는 것 같아. 그 영화들 보면 게이는 다 괴상하게 여성스럽거든. 뭔가 이상한 사람들로 그리니까."

청년 페마는 연애 중이다. 열댓 명이 다인 부탄 게이 커뮤니티에서 지금 남자친구를 만났다. "2년 전부터 알고 지내던 사이였는데 어느 날 내가 미소를 지었더니 그가 미소로 답하는 거야. 그때 위 속에서 나비가 날아다니는 것 같았어. 따뜻했어. 첫사랑이지. 데이트야 남들하고 똑같지. 집에도 데려갔어. 말은 아직 안 했는데 이미 아시는 것 같아."

그렇다고 부탄이 LGBT의 낙원이냐면 그건 아니다. 일단 LGBT가 뭔지도 모르는 사람이 태반이다. '부탄에 동성애가 있다고?'라는 생뚱

맞은 반응을 보이는 사람이 많다. 차별이 없는 게 아니라 차별할 만큼 그 존재가 보이지 않는 거다. 페마는 그래서 한동안 괴로웠다. "수도 팀푸에서 나고 자랐는데 어릴 때부터 여자 친구들이랑 노는 게 즐거웠어. 그때는 정보가 없었어. 내가 비정상인가, 그런 생각을 많이 했어. 그러다 4, 5년 전에 게이라는 개념을 알게 됐는데 그렇게 마음이 편할 수가 없었어. 답을 얻었으니까. 나는 보통 사람이었던 거야." 그래서 그는 LGBT 커뮤니티를 키우고 상담을 하고 싶어 한다. "나는 그냥 행복하고 싶어."

그가 부탄에서 존경받는 라마이자 영화감독인 종사 잠양 켄체 린포체의 유튜브 동영상을 보여줬다. "다양한 성정체성을 관용한다고 하지 마세요. 관용이란 말 안에는 뭔가 잘못됐지만 넘어간다는 느낌이 있습니다. 당신은 타인의 다양성을 관용해선 안 됩니다. 존중해야 합니다."

너무 편한데 너무 피곤한

시간여행 같았다. 운동장 두 개쯤 붙여놓은 부탄 파로공항에서 뜬 비행기가 방콕을 거쳐 인천공항에 도착했을 때 어리둥절했다. 석 달차 부탄 주민인 내게 한국은 정말 없는 게 없는 별천지였다. 화장실의 물도 폭포수처럼 잘 내려갔다. 차도에 구멍도 없다. 부탄 우리 집 창문은 다 입돌아가 있는데 여긴 창틀에 창문도 딱딱 들어맞는다. 부탄 계단은 각 층계 높이가 제각각이라 그야말로 매 순간 깨어 있지 않고는 발을 삐기 십상인데 한국 층계는 연예인 치아처럼 고르다. 특히 먹을 게 천지다. 눈이 뒤집힌다.

부탄에서 사는 동안 나는 어쩔 수 없이 채식주의자였다. 해산물은 진귀하다. 슈퍼에서 한 번, 방콕에서 수입해 온 새우 한 봉지를 봤다. 정육점에 가면 생선이 좀 있는데 그 문 앞에서 배회하다 그만뒀다. 한국에선 고기가 원래 생물이었다는 걸 말끔히 잊게 포장해, 샴푸나 고기나 다 상품 같다. 여기 정육점에 매달린 고기들은 '지금 네가 무슨 짓을 하는지 알고나 먹어라' 하고 꾸짖는 형체다. 그 고기들 틈바구니에서 생선 대여섯 마리가 마지막 비린내로 안간힘을 쓰며 '나 생선이야' 악을 쓰고 있다. 나머지는 인도에서 건너온 말린 생선들인데 나무껍질 같다. 고기도 영 안 당긴다. 역시 인도에서 수입해 온 '묻지 마 고기'다. 어떻게 도축되고 운반됐는지 죽은 고기만 알 일이다. 이러니 나는 만날 유튜브 요리 프로그램을 뒤지며 침을 질질 흘렸다.

부탄 사람들이야 당치도 않은 소리라 하겠지만, 내가 보기에 부탄은 식도락계의 지옥이다. 일단 사람들이 뭘 죽이는 걸 꺼린다. 고기고 생선이고 먹긴 잘 먹는데 제 손에 피는 안 묻히겠다는 거다. 업보를 쌓고 싶지 않기 때문이다. 이 생에 다른 생명 괴롭히다간 다음 생에 피 보는 수가 있다. 그들 생각에 생물로서 가치는 파리나 인간이나 거기서 거기다. 내가 일하는 단체 건물 천장에는 거미줄이 주렁주렁 달려 있었다. 손이 잘 안 닿기에 키 큰 부탄 청소년에게 부탁했더니 난감해했다. 거미가 살고 있다는 거다. 외국인인 나 혼자 벌 다 받기로 하고 거미를 소탕했다. 파리를 안 잡고 유인하기도 한다. 천장에 물을 담은 비닐봉지와 나뭇가지를 걸어두면 파리가 그리로 간다는데, 내가 보기에 파리는 천장 나뭇가지엔 조금도 관심이 없다. 나만 보면 환장해 쫓아다닌다. 한 부탄 공무원은 이왕 먹을 거 인도에 돈 퍼주지 말고 알고나 먹자며 양식장을 추진했다가 가족한테 의절 당했다.

'그저 해발 3000미터는 되어야 뭐 동산이라 할 수 있는' 동쪽엔 아직도 면사무소 가려면 두 시간 넘게 걸어야 하는 산골 동네가 많다. 기른 옥수

수는 자급자족용이다. 그쪽 동네에 갔다 3박 4일 삼시세끼 '에마다치'만 주야장천 먹었다. 부탄 치즈에 고추를 왕창 투하한 이 요리는 부탄의 대표 음식인데 이 밖에 고르고 말 것도 없다.

그렇게 금욕에 시달리다 보니 그리운 것은 가족도 친구도 아니다. 해물탕이다. 한우다. 아구아구 터지게 먹어주리라. 첫 약속은 초밥집으로 잡았다. 점심 특선 9000원인데 갓 잡은 생선의 살점을 얹은 초밥은 때깔도 기막히다. 그 초밥집 앞엔 작은 어항이 있다. 그 속에 광어가 대여섯 마리 포개져 바닥에 깔려 있었다. 광어는 어항 바닥의 흠집 같다. 목숨만 붙여놓은 쪽방이다. 최소의 비용으로 최대로 싱싱하게 먹어주겠다는 의지가 덕지덕지 붙은 어항이다.

조금 더 맛있게 먹으려고 마지막 순간까지 광어를 이토록 괴롭혀야 할까? 꼭 그렇게까지 맛있어야 할까? 3초 생각했던 것 같다. 성찰은 약하고 식욕은 강하다. 내 공주 혀는 인정이 없다. 좌라락 나온 초밥을 보니 광어야 지 사정인 거다. 나는 초밥 아홉 개를 한순간에 들이켰다. 내 식탐은 설사도 못 막았다. 그런데 꼭 이렇게까지 맛있는 걸 먹어야 할까?

그러곤 눈먼 쇼핑을 했다. 수도 팀푸는 다른 부탄 도시에 비하면 메가 쇼킹빅시티다. 다른 도시엔 대로에 건물 대여섯 채 있고 땡이다. 그런데 그 큰 팀푸에 피자집이 두 개 있다. 캠코더 사려고 온 팀푸를 다 뒤졌는데 결국 못 건졌다. 한 가게 창고 구석에서 먼지 뒤집어쓴 파리채를 발견하고 남편과 실로 오랜만에 동지의 기쁨을 느꼈더랬다. 그 파리채를 산 날 우리는 파리 한 마리 잡을 수 없을 만큼 에너지가 방전됐다.

서울의 밤
부탄에서 밤이면 거리는 개 차지다. 인간은 잔다.

이 편한 한국에서 인간은 밤에 잠도 못 잔다. 너무 편한데 너무 피곤한 이건 대체 뭘까?

그러다 한국에 오니 쇼핑에 날 새는 줄 모른다. 한국 드라마에 꽂힌 부탄 친구들이 부탁한 것도 산더미다. 안 될 말씀, 지금 내 물건으로도 가방 째지게 됐다. 그것도 총알 배송이다. 한국에 3주 머무는 동안 친구들보다 택배 아저씨에게서 더 많은 문자를 받았다. 이 정도면 거의 사악할 정도로 편한 거다. 가끔 클릭질을 해대면서도 궁금했다. 대체 뭐가 얼마나 많아야 할까? 얼마나 편해야 할까?

서울에서 또 진탕 먹고 용인으로 돌아오는 길, 평일 밤 12시가 다 됐다. 좌석버스가 도착했다. 자리가 꽉 찼다. 사람들은 대부분 눈을 감고 있었다. 네 살짜리 딸을 둔 친구는 야근이 일상이다. 회사에서 일주일에 한 번 가족의 날이라며 오후 6시에 퇴근하게 해주는데 고맙다고 해야 할지 모르겠단다. 없는 것투성이 불편한 부탄 팀푸에서 러시아워는 오후 5시다. 얄짤없이 퇴근한다. 밤이면 거리는 개 차지다. 인간은 잔다. 그런데 이 편한 한국에서 인간은 밤에 잠도 못 잔다. 너무 편한데 너무 피곤한 이건 대체 뭘까? 광어를 먹는 우리가 또 다른 우리에게 광어인지도 모르겠다.

길
탐구
생활

떠나거나
머물거나

'어쩌다' 순례자의 의문

프랑스 파리에서 스페인 접경 마을 바욘을 거쳐 생장피에드포르까지 가는 기차 안, 한 칸에 여섯 명이 자는데 옆자리 여자의 코 고는 소리가 천장을 뜯어냈다. 생존을 위해 꼭 필요한 것만 넣었는데도 생존을 위협할 만큼 무거운 8킬로그램짜리 배낭이 발치에 놓여 있다. 바지 한 벌, 윗도리 두 벌, 세탁·세수 등 모든 씻는 일에 쓸 비누 하나, 로션 샘플……. 그뿐인데도 통자루다. 옆자리 여자의 코를 뜯어내지 않으면 내 고막이 뜯기겠다는 위기감이 느껴질 즈음, 퍼뜩 아주 본질적인 질문, 떠나기 전에 미리 했어야 하는 질문이 떠올랐다. '나 여기서 대체 뭐 하는 거지?'

큰 기대는 없었다. 걷는다고 얻을 깨달음이라면 천하의 길치로 인생의 많은 부분을 헤매는 데 보낸 나는 지금쯤 공중부양을 해야 한다. 근데 왜 이 타향만리까지 와서 걷기로 했을까? 추측건대 나는 시간이 엄청나게 많았고, 겁이 또 어마어마하게 많았으며, 죽도록 머리 쓰는 걸 싫어했기 때문이다. 800킬로미터를 걸으려면 35일 이상은 걸릴 테니 시간 때우는 데는 딱 맞다. 순례자를 위한 숙소 알베르게가 공짜부터 7유로짜리까지 곳곳에 마련돼 있는 데다 순례자들이 떼로 다니니 여행지로서는 가장 안전해 보였다. 지도를 볼 필요도 없이 바닥의 노란 화살표만 따라 힘닿는 데까지만 걸으면 되니 내 뇌 용량에 제격이었다.

그리고 무엇보다 내가 그 '미친 짓'을 감행한 까닭은 더럽게 행복하지 않아서였다. 두 달 전부터 이상하게 기사만 쓰려고 하면 허리가 아팠다. 병원에 가면 의사가 고민에 빠진다. "그렇게 아프실 리가 없는데……." 내가 봐도 엑스레이 속 내 척추들, 참 가지런하게 줄 맞춰 잘생겼다. 이유 없이 아픈 몸을 보며 나는 행복하지 않은 걸 너무 당연하게 여겨왔다고 생각했다. 행복추구권, 헌법에도 나와 있다던데 왜 행복하지 않은 게 정상이고 아주 드물게 행복한 순간이 특이한 상황이 된 거지? 나는 갖은 야비한 수단을 동원해 휴직을 얻어내기로 결심했다. 휴직과 함께 통증은 사라졌고, 주체할 수 없는 시간을 보내려 들른 서점에서 이 길을 알게 됐다. 남들 가는데 나라고 못 가랴. 여행 경비와 휴직 동안 쓸 생존비를 마련하겠다고 월셋집 보증금을 빼 본가로 밀고 들어갔다. 그런 딸의 등 뒤로 심란한 시선이 꽂히거나 말거나, 나는 멋지게 떠났다. 야심차게 출발했건만, 프랑스 드골 공항에 도착하니 외롭고 초라했다. '걸어서 뭐 하려고…….'

여기서 지금 뭐 하는지 모르는 건 다행히 나만이 아니었다. 걸은 지 사흘째 되는 날, 스물세 살 레이철은 벌겋게 탄 얼굴에서 허물을 벗겨내며 바닥에 주저앉아 소리 질렀다. "제발 다음 마을을 보여줘!" 미국인인 그

순례자의 길
갖가지 사연을 지닌 이들의 움직이는 공동체가 카미노 데 산티아고, 산티아고로 가는 길이다.

는 남자친구랑 헤어지기로 한 날 비행기표를 질렀다. 그런데 떠나기 며칠 전 극적인 화해를 했고 타오르는 연정을 뒤로한 채 비행기표의 볼모가 돼 여기까지 날아왔다. 그는 가끔 나한테 절대 답을 알 수 없는 이런 질문을 했다. "나 지금 남자친구 옆에 있고 싶은데 왜 여기 있는 거야?"

절실하게 걷는 사람들도 꽤 있다. 중년의 위기 남녀들이 인생의 전환점을 찾아 이 길을 행군한다. 영국인 던컨은 레스토랑 창업을 한 뒤 고군분투, 겨우 자리를 잡자 앞으로 어떻게 살지 회의가 느껴졌다고 한다. 그와 같이 걷던 캐나다인 스티븐은 50대가 되면 그런 위기가 또 온다고 불을 질렀다. 위로를 찾아 걷기도 한다. 두 번째 이 길을 걷는 루이는 몇 년 전 딸을 교통사고로 잃고 이 길을 걷고 난 뒤 비로소 딸을 보낼 수 있게 됐다. 그레타는 지난해 남편을 잃었다.

이런 갖가지 사연을 지닌 이들의 움직이는 공동체가 카미노 데 산티아고, 산티아고로 가는 길이다. 처음에 왜 왔느냐 물으면 다들 그냥저냥 둘러대지만, 걷기 중반 정도 돼 던컨이 여자를 하나 꾀는 데 성공하고, 그레타가 몰래몰래 버스를 타기 시작하고, 레이철이 걸으며 살 빼는 재미에 맛을 들여갈 즈음이면, 마음속 진짜 이유, 상처를 서로에게 드러낸다.

생장피에드포르를 출발해 피레네 산맥을 넘고 첫 알베르게가 있는 론세스바예스에 도착했을 때만 해도 나는 그들을 알게 될 줄, 그들 속에서 나를 보게 될 줄, 그게 위로가 될 줄 몰랐다. 론세스바예스 알베르게는 거대한 홀이었는데 100개가 넘는 침대가 다닥다닥 붙어 있었다. 옆자리는 중년 아저씨 차지였다. 서로 민망해 등을 마주 보고 자기 시작했다. 새벽

녘 눈을 뜨니 아저씨도 구르고 나도 굴러 서로 마주 보는 꼴이 됐다. "에 취~." 아저씨는 자신도 모르는 사이 나를 향해 거대한 침방울을 튀겼다. 나는 생각했다. '아, 나 여기서 뭐하는 거야?'

카미노 데 산티아고
살아 있다는 느낌으로, 새로운 전환점을 꿈꾸며 그들은 걸었다.

네 고통이 바로 내 고통이니~

　고백하자면 하루에 여덟 시간씩 걷는 내내 내 머릿속을 가장 강력하게 지배한 건 콜라였다. '다음 마을에 닿기만 하면 바로 콜라 마셔야지' '조금만 더 가면 콜라다' '다이어트 콜라를 마실까 그냥 콜라를 마실까'……. 걷다 보면 근사한 깨달음 하나쯤 건질 줄 알았는데, 또렷한 건 콜라를 향한 물밀듯 몰려오는 사랑이었다. 나만 그러냐? 그날도 20킬로미터 정도를 기어가듯 걸어 스페인의 작은 마을 비아나에 도착해 작은 바에 널브러져 있는데 곧이어 중년의 진지해 보이는 독일인 베른트가 철퍼덕 짐을 내려놓으며 고백했다. "사실 내 유일한 목표는 밀크커피야." 이어 얼굴 허물이 벗겨진 레이철이 무너지듯 앉았다. "아! 아이스크림." 그렇게 콜라와 커피가 흐르는 땅, 초라한 시골 바는 궁상 순례자들의 성지가 됐다.

　잘 걸어봤자 다 거기서 거기다. 헉헉거리고 길바닥에 주저앉아 있으면 몇 사람이 추월해 가는데, 내가 다리 끌고 다시 가다 보면 앞섰던 사람이 널브러져 있다. 똑같은 길을 가니 일주일 정도 바에서 눈도장을 찍다 보면 그 사람이 안 보일 때 궁금해진다. 너무 친근한 느낌이 드는 탓인지 포르투갈 할머니 로드리게스는 바에서 만날 때마다 포르투갈어로 언제 끝날지 모르게 긴 이야기를 쏟아냈고 나는 입꼬리가 떨리도록 가식적인 미소를 지었다. 쏜살같이 앞서 며칠 안 보이던 사람도 어느 날 문득 기적처럼 바에서 물집을 터트리며 앉아 있기도 한다. 아일랜드에서 온 빨간 머리 여자 존은 말도 걸음도 엄청나게 빨랐다. 만날 뭔가 웃긴 이야기를 하고 깔깔거리니까 다들 따라 웃기는 하는데 그 친구가 떠나면 남은 사람들은 "너는 쟤 말 알아들었냐"고 쑥스럽게 확인했다. 너무 빠른 그를 다시 못 볼 줄 알았는데 못 본 지 엿새째 되는 날 존이 바에서 온몸에 선크림을 덕지덕지 바르고 있었다. 무슨 말을 하는지도 모르면서 왜 반가운지 모르겠고 지나치게 반가워한 다음에는 할 말이 없어 더 어색해졌다.

순례자의 삶은 단순하기 짝이 없다. 자고 먹고 싸고 걷는다. 5월 말이었지만 스페인의 태양은 오후 2시부터 사람 살을 뜯어낸다. 그 시간을 피하려고 동트기 전 어스름할 무렵에 짐을 꾸려 걷기 시작한다. 새벽녘 공기가 코끝에 닿고 해가 떠오를 즈음이면 너도나도 자연 앞에서 감격한다. 그거 딱 두 시간 간다. 그 뒤부터 어깨가 무너지고 머릿속에서는 콜라에 대한 연정이 아우성친다. 20~30킬로미터 걸으면 대충 다들 뻗고 그 마을 순례자를 위한 값싼 알베르게로 엉금엉금 기어 들어간다. 침대를 배정받은 뒤 빨래하고 몸을 씻고 나면 저녁 먹을 때까지 딱히 할 일도 없다. 오후 2~5시는 스페인 사람들이 낮잠을 자는 시에스타, 아무리 상점 문을 세게 두드려도 콧방귀도 안 뀐다. 시작은 칼같이 2시인데 끝나

순례자들의 하루
순례자의 삶은 단순하기 짝이 없다. 자고 먹고 싸고 걷는다.

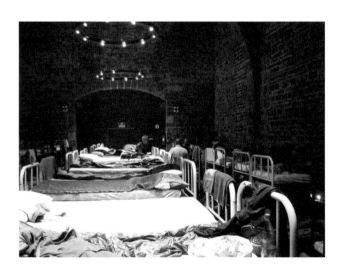

는 건 주인장 맘이다. 저녁밥 아무거나 먹고 나면 숙박비를 포함해 20유로 드는 하루가 저문다. 그런데 그게 참 부족한 게 없다.

하루의 허름한 최종 종착지인 공동 숙소 알베르게에서 순례자들은 서로 이를 잡아주는 한 마리 유인원으로 돌아간다. 나보다 더 가져봤자 비누 한 개고, 더 빨라봤자 산티아고에 하루이틀 먼저 도착하는 게 다인 데다 물집이며 무릎이며 네 고통이 바로 내 고통이니 서로 미워하기도 힘들다. 그러다 보면 밥하는 김에 숟가락 하나 더 놓고, 물집 터트리는 사람에게 반창고를 내밀게 되는 것 같다. 특히 알베르게 가운데 기부금으로 운영해 아예 공짜로 자도 되는 그라뇬이나 토산토스에서는 서로에게 저도 모르게 더 살가워진다. 땀에 찌든 순례자들이 도착하자마자 자원봉사자들이 큰 팔 벌려 안아주는데다 다 함께 먹는 공짜 저녁까지 차려주니 정도 전염된다. 토산토스에서는 "유비카리타스 에 아모르, 유비카리타스 데우스 이비에스트(사랑과 나눔이 있는 곳에 신도 있다)."라는 노래를 같이 어색해하며 불렀다. 배까지 두둑한 채 부르니 그 순간 노래는 진실처럼 느껴졌다. 그리고 밤 10시께 침낭 속으로 들어간다. 누군가는 코를 골고 누군가는 이를 간다. 그렇게 사랑과 나눔 속에 신이 깃드는 동안, 이갈이와 코골이 속에서 고약한 성깔 또한 자라났다.

엘리가 걷는 이유

　네덜란드 대학원생 엘리를 처음 봤을 때 나는 심하게 쫄아버렸다. 바에 널브러진 남루한 순례자들 틈에서 그의 어깨 위로 아침 햇살이 걸렸다. 커다란 귀고리가 위풍당당하게 반짝였다. 그는 예뻤다. 두 번째 마주쳐서도 눈을 못 맞췄다. 알베르게 앞으로 그가 허리를 곧게 펴고 성큼성큼 걸어왔는데 자신감 보강 자양강장제라도 매일 마셔대는 것 같았다. 세상에 꿀릴 것 없어 보이는 그 앞에 서면 나는 몸종같이 쪼그라들었다.

　둘씩 한 방을 쓰는 알베르게에서 그와 짝이 된 날, 나는 긴장했고 안도했다. 괜한 말 꺼냈다 무시당하지 않을까 싶었다. 한편으로 저 아름다운 콧구멍에서는 숨소리만 날 것이니 오늘 밤은 숙면하리라는 안도감이 밀려왔다. 그렇게 엘리랑 세 번째 만난 날, 상상과 기대는 유리그릇 같은 것이란 걸 알게 됐다.

　그날 밤, 그 콧구멍에서는 가공할 위력의 코골이가 뿜어져 나왔다. 그 괴력은 벽을 타고 넘어 이웃의 잠도 모조리 깨놓았다. 잠잠해지는가 싶으면 장밋빛 입술 사이로 살인적인 이갈이가 스며 나왔다. 다음 날 상쾌하게 "잘 잤느냐"라고 묻는 엘리에게 다크서클을 무릎까지 늘어뜨린 나는 차마 "너는 잠이 오디?"라고 받아칠 수 없었다. 그 뒤 순례자들은 엘리가 머물 알베르게를 점쳐 슬슬 피하기 시작했다.

그리고 그날 밤, 말을 튼 그는 지상으로 내려왔다. 그의 연애는 자존감 결핍 여성의 전형적인 패턴을 보여주는 듯했다. 괜찮다 싶은 남자도 자기 좋다 하면 시시해진다. 어떤 문제가 있는 남자기에 나 같은 여자를 좋아할까 하는 의심에 사로잡혀 그 의혹에 들어맞는 증거를 샅샅이 찾는다. 사귀게 되면 누구 하나 죽을 때까지 이어지는 '러시안룰렛 게임'을 벌인다. '이래도 내가 좋아?' 게임이다. 집요한 사랑 확인 시험질로 결국 상대는 나가떨어진다. 슬픈 증거물을 손에 쥔 그는 '거봐, 너도 날 사랑하지 않지'라고 되뇐다. 상대가 떠날 것이 거의 확실한 연애만이 그의 마음을 편하게 한다. 그는 순례길에서도 나이가 열여섯 살 많고 애도 있는 배불뚝이 유부남과 엮이게 됐다. 이 청승맞은 미녀는 약속 장소에서 일곱 시간을 기다린 뒤 바람맞았다. 그는 말했다. "그래도 그 사람과 있으면 마음이 불안하지 않아. 그가 나를 떠나더라도 내 잘못이 아니라 그 사람 상황 때문일 테니까".

엘리랑은 이상하게 길에서 계속 만나게 됐다. 걷고 말하는 거 말고는 딱히 할 일도 없었다. 엄마가 아빠랑 날이면 날마다 다툰 뒤 엘리에게 하소연할 때마다 어린 엘리는 "괜찮아질 거예요"라고 말했다. 하지만 아무도 그가 괜찮은지는 신경써주지 않았다. 그리고 난독증이 왔다. 그걸 극복하니 이번엔 거식증이었다. 살이 뼈에 랩처럼 달라붙었는데도 뚱뚱하다는 강박관념에 며칠씩 굶고 나면 세상이 음식 씹는 소리로 가득 찬 것 같았다고 한다. 겨우 넘어서니 지독한 우울증이 몰려왔다. 몇 달씩 방에서 나오지 않고 콘플레이크를 씹어 연명하던 그는 '이러다 죽지' 하는 공포를 맛봤고 스스로 병원에 전화했다. 1년 뒤 그는 병원에서 세상 밖으로 나왔다. 그는 용감하게 노력한 끝에 이제 잘 읽고 쓰며 적당히 살이 올랐고 함박웃음으로 사람들과 놀 수 있게 됐지만, 여전히 자신의 남은 문제를 해결하려고 발뒤꿈치 까지도록 걷는다. 순례자들이 자신이 바라는 것을 써두고 가는, 순례길에서 가장 고도가 높은 곳 '크로스 데 페레'에 그는 '자존감'이라 적은 돌을 놓았다.

그와 걸을수록 그의 이야기가 내 이야기처럼 들리기도 했다. 나, 너, 세상을 사랑할 만하고, 살 만하다고 믿으려 애써 버둥대는 건 누구나 매한가지일 테니 말이다. 비가 추적이던 어느 날, 나는 상처투성이 그에게 끈끈한 연대감을 느꼈다. 그리고 두 명씩 짝 지워 방을 주는 다른 알베르게에서 엘리는 그 정을 시험할 큰 시련을 던져줬다.

"너랑 같은 방 쓰고 싶어."

다음 날 나는 다크서클을 그림자처럼 늘어뜨렸다.

아테네 여신이 아니라 코골이에 눈물 많은 여자 엘리, 그를 처음 봤을 때 내가 만난 건 누구였을까? 어쩌면 이제까지 실제 세상이 아니라 내가 만든 세상을 보고 떨고 있는지도 몰랐다.

길 위에서

그와 걸을수록 그의 이야기가 내 이야기처럼 들리기도 했다. 나, 너, 세상을 사랑할 만하고,
살 만하다고 믿으려 애써 버둥대는 건 누구나 매 한가지일 테니 말이다.

미안하다. 사랑한다, 프란

스페인 사람 프란시스코의 커다란 초록빛 눈망울은 항상 소통의 열망을 담고 있었다. 그는 손가락으로 자신을 가리키며 "프란시스코, 프란, 프란"이라고 되풀이했다. 쉽게 '프란'이라고 줄여 부르라는 거다. 이름만 쉬우면 뭐 하나. 그 뒤 "어디서 왔느냐"라는 질문에 답 비슷한 걸 얻어내는 데 30분 넘게 걸렸다. 하지만 끝내 그가 정확히 어느 지방 출신인지 알아내지는 못했다. 프란은 손짓 발짓을 동원하고 나무막대를 찾아내 바닥에 집 모양을 그려 넣고 동그란 눈을 반짝이며 스페인어로 통신을 시도했다.

스페인 땅에서 스페인 사람 프란은 순례자 가운데 정보가 가장 부족했다. 어리바리한 그를 보면 '밥은 먹고 다니나' 걱정이 앞섰다. 통역을 수배해 숙소 알베르게에서 멍하게 시간을 때우는 그와 아주 중요한 대화를 시도했다. "프란, 여기서 아침밥 먹을 수 있는 거 알아?" 역시 프란은 "그런 것도 있었느냐"며 깜짝 놀랐다. 다른 한국인 순례자는 좋은 곳 뇌

두고 시설이 열악하기로 소문난 알베르게로 꾸역꾸역 들어가려는 프란을 끄집어내 오기도 했다고 한다. 다음 날, 다정하나 가공할 만한 답답증을 유발하는 그가 깰세라 꼭두새벽에 출발했건만 먼발치에서 날 발견한 그는 냉큼 달려왔다. 화장실을 가겠으니 여기서 기다리라는 듯 그가 손가락으로 여기저기 찔러댄 뒤 자리를 떠나자마자 나는 그만 다가올 '대화 노동'의 공포를 견디지 못하고 내빼고 말았다. "미안하다. 사랑한다, 프란." 이후 몇몇 순례자들은 말 안 통하고 속 터지게 하는 사람에게 "너 그러다 프란 된다"는 말로 애정 섞인 안타까움을 전하기도 했다. 하지만 어찌됐든 그 소통의 순수한 열망만으로도 그는 충분히 사랑스러웠다. 덕분에 프란은 순례자들이 공짜로 차려준 밥상에서 꽤 여러 번 포식했다.

말이 안 통해도 싸움은 가능하다. 작은 마을 토산토스에는 토굴 속에 지은 성당이 있었는데 주민들이 아끼는 곳이었다. 검은색 치마를 엄숙하게 차려입은 중년의 스페인 여성 인솔자를 쫓아 미국인, 벨기에인, 스페인인, 이스라엘인 등 오합지졸 순례자들이 어리둥절 동산을 올랐다. 신앙심 깊어 보이는 인솔자는 "포토, 노"를 단호하게 외친 뒤 스페인어로 침 튀기도록 열정적인 설명을 이어갔다. 모두 '뭔 소리야'라는 듯 멍청한 표정을 지었다. 무리 가운데 스페인 사람에게 물어보니 스페인어로 천천히 또박또박 다시 설명해줬다. 사실은 사라지고 온갖 언어 속에 요란스런 추측만 난무했다. 그러다 벨기에 사람 얀이 사고를 쳤다. 자기보다 한참 작은 이스라엘 여자 뒤에 숨어 사진을 찍다가 된통 걸린 것이다. 열받은 인솔자는 고상한 분위기를 삽시간에 벗어던지고 광란의 스페인어로 쉴 새 없이 쏘아대며 사진기를 손으로 내려쳤다. 말썽을 피운 장본인인 데다 뭔 말인지 못 알아들으면서도 얀은 억울했던지 큰 소리로 반격에 나섰는데 이번엔 천둥 같은 네덜란드어다. 서로 삿대질하며 목에 핏대를 세우지만 정작 무슨 말을 하는지는 모르는 상황이 쭉 이어졌다. 웃어야 할지 진지해야 할지 헷갈리던 나머지가 슬금슬금 자리를 피하자 얀도 뒷걸음치기 시작했다. 분이 안 풀린 인솔자는 그 불경스런 외국인들 전체를 한 명씩 가리키며 비난했다. 당황한 미국인 레이철은 인솔자가 알아들을 수 없는 영어로 "저는 아무 짓도 안 했어요"라고 변명했다. 산에서 내려오는 동안 등 뒤에서는 욕설로 추정되는 말이 이어졌다. 역시 어딜 가나 싸움은 말의 내용으로 하는 게 아니라 목청의 세기로 하는 거다.

말이 안 통해 되레 대화가 끊기지 않을 때도 있다. 길에서 만난 독일인 베른트와 저질 영어 대화를 이어가는데 처음엔 문법을 챙기다 나중엔 아무렇게나 말하게 됐다. 대화는 의식의 흐름이 아니라 오역의 흐름을 따랐다. "너 때문에 내 그래머(문법)가 더 엉망이 됐어." "뭐? 네 그랜마(그랜드마더·할머니)가 어떻다고? 너도 할머니에 대한 추억이 있구나. 우리 할머니는 말이지……." 나는 그리 궁금하지도 않았던 그의 할머니 인생에 대해 들었다. 어느 산으로 오르게 될지 모르는 기묘한 대화는 말하는 사람의 의도와는 상관없이 방향을 전환해가며 제 갈 길을 오래 이어갔다.

토끼 똥만큼의 세계

소통 장벽에 뚫린 튼실한 개구멍이 바로 인류 공통 소재 '똥'이다. 잘 산다고 황금똥 싸나, 똑똑하다고 복잡한 똥 싸나? 네 똥이 내 똥, 거기서 거기니, 걷는 내내 이보다 더 큰 공감대를 불러일으키는 소재도 없었다. 비슷한 처지의 순례자끼리 예의는 5분 정도만 차리면 된다. 그 뒤 어색한 침묵이 밀려올 때마다 똥은 알뜰한 구명보트가 돼줬다.

스물네 살 이스라엘 여자 아디는 스스럼없어 보였다. 알베르게에서 몇몇 순례자가 기타 치고 노래하니 거기 맞춰 춤을 췄다. 나를 주눅 들게 하는 1469가지 인간 유형 가운데 56번째 유형이었다. 그런 그와 처음 대화를 나눈 건 아침 식사 자리였다. 이스라엘과 팔레스타인 문제 등으로 힘겹게 대화를 이어가던 중, 아디는 나에게 결정적 질문을 날렸다. "네 나라 말로는 똥을 뭐라 그래?" 입에 문 빵가루를 튀겨가며 서로 똥 발음을 맹렬히 연습하니 '사랑한다' '행복하다' 따위를 배울 때와는 다른 해방감이 느껴졌다. 그 뒤 아디와 나는 똥을 뜻하는 여러 나라 말을 수집

했다. 독일어로는 짧고 굵게 '자이셰', 이스라엘어로는 목구멍을 대장인 양 긁듯 '하하', 프랑스어로는 변비처럼 발음을 뱉어내기 어려운 '메르드르'……. 나중에는 다른 순례자들이 배워와 알려주기도 했다.

나는 아디에게 똥에 대한 고민도 털어놨다. 문명의 굴레, 습관의 힘이 얼마나 큰지, 아무도 없는 곳이라도 자연 속에서는 똥을 누지 못했다. 오줌까지는 어떻게 후딱 해치우는데 똥은 영 자신이 없었다. 하늘과 밀밭만 지평선까지 이어진 메세타 지역을 걷다 보면 17킬로미터 동안 아무것도 없을 때가 있다. 그 중간에 똥이 마려우면 그런 고문이 따로 없다. 바를 보자마자 주인장이 뭐라 그러건 말건 화장실로 뛰어 들어가기 일쑤였다. 이를 듣고 아디는 말했다. "왜 밖에서 똥을 못 눠. 얼마나 엉덩이가 시원하고 좋은데. 나한테는 '카미노'(산티아고데콤포스텔라로 가는 길) 전체가 거대한 화장실이야." 그 뒤 이 순례길에서 성취하고픈 내 목표 가운데 하나가 밖에서 진정으로 자유를 만끽하며 똥 누기가 됐다.

후미진 곳에는 사람 똥이 소심하게 자리 잡고, 순례길 복판에는 짐승 똥이 당당하게 흩뿌려져 있다. 토끼 똥같이 생긴 동글동글하고 작은 똥 한 무더기를 길 한복판에서 발견할 때마다 몇몇 순례자들은 비슷한 대화를 지칠 줄 모르고 이어갔다. "토끼들, 여기서 회의라도 연 거야? 대체 왜 길 한복판에서 똥을 눴을까? 숲에서 누면 안전할 텐데. 불안하지 않을까?" "원래 사람도 긴장하면 오줌이 마렵지 않아? 똥도 긴장하면 더 잘 나오지 않을까?" "아니야. 저 풀을 다 밀어내면 길과 숲속의 똥은 같은 밀도를 보일지 몰라. 다만 풀에 가려 안 보이는 거지. 토끼는 길이건 숲이건 안 가리겠지." 몇몇은 토끼 똥처럼 보이는 이 똥들의 증거 사진을 남기기도 했다. 똥 소재는 마르지 않으니, 토끼 똥의 흔적이 끝나갈 즈음 스페인의 북서쪽 갈리시아 지방으로 들어서면 이번에는 소똥의 해방구가 펼쳐진다.

똥 이야기를 하는 순간 그나마 있던 체면이 쑥 빠져나가면서 쾌변의 자유를 느끼게 된다. 그래서 그런지 거의 다들 똥 이야기를 은근히 즐겼다. 영어 사전을 찾아가며 겨우 추접스러운 우스개 하나를 준비했는데 인기가 좋았다. 곰이 옆자리 토끼에게 정중하게 물었다. "혹시 당신 몸에 똥이 묻는다면 당신 기분이 어떨까요?" 토끼는 "기분은 나쁘지만 견딜 수는 있겠지요"라고 답했다. 곰은 토끼로 자기 '똥꼬'를 닦았다. 미국인 레이철은 얼굴이 뻘게지도록 웃으며 자기도 꼭 한번 토끼로 똥꼬를 닦고 싶다고 소감을 말했다. 영국인 던컨은 사뭇 진지하게 왜 한국 토끼들은 싫으면 싫다고 하면 되지 견딜 수 있다고 말하느냐고 물었다.

하여간 누구나 공평하게 지닌 한 줄기 똥덩어리는 그 이름만으로도 때로 웃음을 끌어냈다. 자기 집부터 시작해 3개월째 걷고 있어 겉모습은 거의 선지자급인 벨기에인 윌름은 '까까벨로스'라는 마을까지 걷던 날, 하루 종일 혼자 키득거렸다. "별 더러운 동네 이름 다 봤네. '까까'는 네덜란드 아이들 말로 똥이야."

순례길 친구들
어느 산으로 오르게 될지 모르는 우리의 대화는
말하는 사람의 의도와는 상관없이 방향을 전환해가며 제 갈 길을 갔다.

어른이 아니어도 좋은 시간

별일 없이 걷는 '카미노'에서 순례자들이 욕심 부리는 게 하나 있으니 바로 스탬프다. 순례를 시작하기 전 협회사무소에서 '크레덴시알'이라는 일종의 순례자용 여권을 받는다. 알베르게나 바에서 스탬프를 크레덴시알에 찍어 산티아고데콤포스텔라에 도착한 날 사무소에 보여주면 '카미노'를 걸었다는 증명서를 내준다. 모양이 제각각인 스탬프를 모으는 게 은근히 중독성이 강했다. 4, 50대 중년들이 스탬프 하나 더 받겠다고 헉헉거리며 바마다 꼬박꼬박 들러 주섬주섬 가방을 풀어헤쳤다. 한 한국인 순례자는 '참 잘했어요' 도장을 하나 파 갔는데, 인기가 폭발해 서로 찍어달라고 난리였다고 한다. 남들 없는 스탬프가 있거나, 더 많으면 꽤 뿌듯하다.

별 머리 쓸 일 없는 순례자들은 퇴행했다. 흰머리 흩날리는 40대 독일인 베른트도 그랬다. 처음엔 기독교에 대해 어떻게 생각하는지, 미국의 외교 정책, 이란의 이번 선거 전망 등에 대해 진지하게 물었다. 외국인 앞에서 민간 외교관임을 잊지 말라는 교육에 세뇌돼 자동 과잉 친절을 베풀지만 않았다면, 내가 모두 못 들은 척 쉬웠을 질문들이다.

그랬던 그도 안타깝게 외양은 그대로 둔 채 정신세계에서만 시간을 거꾸로 살기 시작했다. 순례를 시작하고 열흘 정도 지나 끝 간 데 없이 밀밭과 태양뿐인 메세타에 들어서자 그는 루이 암스트롱의 〈왓 어 원더풀 월드〉를 바꿔 부르며 자신의 천재성에 대놓고 감탄했다. "푸른 나무와 붉은 장미를 보았지. 나는 독백했지, 이 얼마나 아름다운 세상인가" 대신 "푸른 하늘과 붉은 흙뿐이지. 나는 독백했지, 이 망할 놈의 메세타"라고 부르고 자랑스러워했다.

또 한 주쯤 지난 뒤 만난 그는 상태가 더 심각해져 있었다. 마을로 들어설 때마다 어릴 때 본 서부극 흉내를 냈다. 급기야 물통을 권총인 척 뽑아 들었다. 혼자 놀면 좋은데 옆에 걷던 사람한테도 꼭 동시에 물통을 꺼내 서부 총잡이 동지들끼리 하는 손 암호를 따라 하자고 꾀었다. 가방은 무겁고 태양은 뜨거워 죽겠는데 물병 빼는 것도 신경 써야 하나? 대충 맞춰주다 박자를 놓치면 처음부터 다시 물병을 빼야 한다며 앙탈을 부렸다. 그 뒤 그는 거의 짐승 수준으로 퇴행했다. 대화하기 귀찮아 돌 같은 걸 발로 차면 개 짖는 소리를 내며 돌을 마구 쫓아가기도 했다. 카미노를 걷다 인생을 다시 시작하게 된다더니 저렇게 갓난아기 시절까지 찍고 새 출발을 하게 되나보다.

말쑥한 정동희 씨와 박혜수 씨도 그리 예외는 아니었다. 문어 요리 '뽈뽀'로 유명한 스페인 멜리다를 통과하는 날, 1, 2유로에도 수전증을 느끼던 우리는 큰마음을 먹었다. 문어를 삶아 올리브기름과 함께 내는 요리 뽈뽀를 셋이 걸신들린 것 같이 집어삼켰다. 그런데 3인분을 시킨 우리보다 2인분을 시킨 옆자리 접시가 더 푸짐해 보였다. 억울해진 우리는 1인분씩 세 번 시켜 먹을 걸 그랬다고 계속 투덜거렸다. 그래도 인생 새옹지마라더니, 게눈 감추듯 먹어 젖히는 식성에 놀랐던지 정신 놓은 종업원이 그만 2인분만 계산해버렸다. 정 씨는 "야 빨리 나가, 빨리"라고 속삭였고 우리는 레스토랑 문을 빠져나가자마자 달려 동네 놀이터에 널브러졌다. '거지 삼형제'가 탄생하는 순간이었다.

놀이터에서 근육통 약을 발라가며 뽈뽀집 탈출 성공 무용담을 나눴다. 거금 6유로를 아끼고 나니 세상에 이렇게 뿌듯할 수 없었다. 이후 정 씨도 점점 해맑아졌다. 공립이란 뜻의 '무니씨발'만 들으면 무슨 욕을 상상했는지 혼자 사고 치고 안 들킨 애처럼 좋아했다. 나중에 그는 아무 일 없이도 난데없이 낄낄거릴 수 있는 경지에 올랐다.

돌이켜보면, 진짜 신바람 나는 순간은 어른인 척 안 해도 되는 때인 것 같다. 하루 걷기를 마치고 할 일 없는 몇몇 순례자들이 시골 동네 작은 놀이터에서 어슬렁거렸다. 그네를 타는데 한 명이 바닥에 떨어진 내 신발을 집어 멀리 던져버렸다. "안 돼"라고 소리치자 상대는 더 의기양양해졌다. 나도 그네에서 내려 복수했다. 노을이 지는 하늘 높이 신발들이 떠올랐다가 떨어졌다. 그 길에서 우리는 한 마리 짐승이나 아이가 되는 사치를 누렸다.

순례자들은 연애 중

카미노 순례자의 주류는 40대 이상 중년이다. 특히 이제껏 죽자고 달렸는데 정신 차려보니 여기가 어딘지 모르겠다는 중년이 꽤 많다. 결핍도 제각각이라 발 묶인 사람들은 떠나고 싶어 하고, 떠났던 사람들은 구속되길 갈망한다.

20대부터 이제까지 은행에서 숫자를 만진 독일인 마크는 상관한테 엿먹인 뒤 탈출하기를 꿈꾼다. 레스토랑 차리고 자유를 만끽하고 싶어 한다. 막상 레스토랑 주인인 영국인 던컨은 식당만 생각하면 뒷골이 당긴다고 한다. 제대로 굴러가게 하는 데 30대를 몽땅 갖다 바쳤는데 아직도 말썽이 끊이지 않으니 애물단지를 팔아버리고 싶을 때가 많단다. 열여섯 살에 학교를 자퇴하고 감정에 충실하게 세상을 떠돌았던 벨기에인 디디에는 넥타이를 매고 출근하며 애를 낳아 아빠로 살아보려 한다. 살아 있다는 느낌으로 닭살 돋게 하는 새로운 전환점을 꿈꾸며 그들은 걸었다.

이 질풍노도의 시기, '중년의 위기'를 건너는 어른들은 두 살짜리 엎어지듯 길에서 사랑에 빠져버렸다. 같은 목적지 산티아고데콤포스텔라를 향해 가고, 물집·관절통·근육통이라는 공통 소재 3종 세트를 기본으로 갖춘 무리가 툭하면 바나 숙소에서 마주치니 눈 맞기 이보다 알맞은 곳도 없다. 풍광 끝내주지, 마음 흔들리지, 짜릿한 삶의 감각에 목마른 데다 순례자끼리 끈끈한 정까지 흐르니 여기저기 연애가 이어졌다. 문제는 계획하기 어렵다는 거다.

때로는 큰돈 드는 수가 있다. 40대 독일 여자 사비나와 스페인 남자 밀란은 한 알베르게에서 위층 침대 여자, 아래층 침대 남자로 만났다. 침대야 알베르게 자원봉사자가 배정하니 그들의 의지는 아니었다. 그날 밤, 그들은 침대 곁에 서서 밤새 수다를 떨었다. 사비나는 왜 그런지 모르지만 하여간 밀란의 모든 말이 그렇게 웃겼다고 했다. 사비나는 산티아고데콤포스텔라로 향하는 중이었고 밀란은 반대 방향으로 걷고 있었다. 다음 날 밀란은 짐을 꾸려 사비나와 함께 왔던 길을 되짚어갔다. 그들은 순례길이 끝난 뒤에도 독일과 스페인을 비행기로 오가며 연애 중이다. 하늘에 돈을 뿌리고 있는 사비나는 항공사에서 은밀히 카미노를 후원하며 원거리 연애를 조장하고 있을 거라는 음모론을 내놓았다.

속 터지는 수도 있다. 캐나다인 스티븐은 애인을 갈구했다. 화학을 전공해 잘나가는 국책연구소에 다니던 그는 20대 후반에 과학이 지겨워졌다. 그는 철학으로 전공을 바꿔 대학에 다시 들어가 철학과 교수도 됐다. 이과·문과를 섭렵한 그가 해결하지 못한 문제가 하나 있으니 '모든 여자는 날 싫어해' 콤플렉스다. 고등학교 때 왕따를 심하게 당한 경험이 있는 그는 '모두 날 싫어해'를 극복하느라 안간힘을 쓴 끝에 '몇몇 남자들은 날 싫어하지 않아' 경지까지는 도달했다. 하지만 마지막 고지는 만만하지 않아 그는 여전히 '여자들은 날 싫어해'를 후렴구처럼 되풀이했고 그 말이 매력을 심각하게 깎아먹고 있었다.

그런 그가 카미노에서 한 여자의 환심을 사는 데 성공했다. 안타깝게도 상대는 영어를 거의 못하는 멕시코인이었다. 스티븐의 박식함은 완벽하게 무용지물이었다. 그래도 그는 노력했다. 항상 온화한 미소를 머금은 채 소통을 시도했다. "콜라 마실래, 커피 마실래?" "뜨거운 거 마실래, 차가운 거 마실래?" 대화는 언제나 이 범주를 맴돌다 사그라졌다. 스티븐이나 애인이나 답답할 만도 하겠지만, 장점도 있으니 애인이 그의 매력 감퇴용 후렴구를 도통 이해할 수 없다는 점이었다.

60대 독일인 힐트우드는 생각을 정리하려 카미노를 걷기로 했다. 그의 남편은 그가 반평생 줄기차게 사랑한 좋은 사람이다. 그런데 최근 병원에서 자원봉사를 하다 한 남자한테 반해버렸다. 남편을 떠나자니 이제까지 살아온 정이 울고, 애인을 버리자니 사랑이 슬펐다. 마음을 다잡으려고 온 이 길에서 힐트우드는 고민에 귀 기울여주던 또 다른 남자에게 넘어가고 말았다.

그들 누구도 이렇게 엮일지 예상하지도 앞일을 확신하지도 못했다. 다만 지금, 상기된 얼굴로 심장 박동 소리에 귀 기울일 뿐이었다.

길 위의 사랑

그들 누구도 이렇게 엮일지 예상하지도 앞일을 확신하지도 못했다.
다만 지금, 상기된 얼굴로 심장 박동 소리에 귀 기울일 뿐이었다.

카미노의 얼치기 가족

같은 길을 걸으며 부대끼니 순례자끼리 끈끈해지기 마련이다. 특히 헐 렁한 사람들하고 각별하게 엮여 나중엔 유사 가족같이 됐다. 자기 집에 서부터 3개월 넘게 걸어, 산신령 몰골인 벨기에인 윌름이 아빠, 그의 오 랜 친구 얀이 엄마, 나와 똥 단어 수집 전문가 이스라엘 여자 아디, 그리 고 외모는 공주지만 내면은 무수리인 네덜란드 여자 엘리가 세 딸, 불곰 의 몸집에 아기 종달새의 마음을 지닌 캐나다인 블레어가 아들이었다.

막판엔 윌름을 실제로 '아빠'라고 불렀다. 세상의 욕망에 초연한 분위 기라 처음엔 기죽었다. 그 앞에서 나만 속물 같았다. 순례 시작 뒤 첫 도 착지인 론세스바예스 식당에서 같은 테이블에 앉는 바람에 엮였다. 할 말이 없어 "왜 걷냐" 물었더니 유럽 68세대 정서부터 훑었다. 젊은 시절 신은 없다 믿었는데 다시 찾고 싶어졌다는 둥, 아내랑 3개월 정도 각자 시간을 가져보기로 했다는 둥 걷는 이유를 다섯 가지로 나눠 길게도 설 명했다. 별 이유 없이 걷는 나만 생각 없어 보였다. 두 번째 봤을 때 그는 바에서 포도주를 마시고 있었다. 싼 밥집을 찾아 헤매는 나에게 그는 "나는 새처럼 자유롭지"라고 여유롭게 말했다. 어색함을 무릅쓰고 "새면 벌써 산티아고 갔지. 네 몰골을 보라고"라고 농담했는데, 그는 뜨악하게 나를 한참 쳐다봤다. 저질 개그 한 죗값으로 그 자리에서 석고대죄라도 해야 할 것 같았다.

월름에게 무장해제하게 된 것은 그가 외모만 신선인 걸 안 뒤부터였다. 20킬로미터를 기어 도착한 마을 어귀 공원에서 얀과 순례자 한두 명이 노닥거리고 있었다. 월름이 보이지 않기에 물었다. "걔? 알베르게 방 찾으러 벌써 갔지. 내가 그렇게 걱정 안 해도 된다는데도 걷는 내내 '침대 없으면 어쩌냐. 나쁜 자리 주면 어쩌냐' 만날 초조해하거든." 뭐야 새라더니…….

그 뒤 그와 둘이 걸은 적 있는데 갈림길에서 순례자 길을 알려주는 노란 화살표가 안 보일 때마다 초록색 눈엔 불안이 한가득 넘실거렸다. 안내책자를 뒤지다가 나한테 물어볼 사람을 찾아보라고 재촉했다. 행인이 안 보이자 허겁지겁 양쪽 길을 뛰어다녔다. 뭐야 자유롭다며…….

하루는 그가 의기양양하게 10유로를 벌었다고 떠벌렸다. 큰 성당 앞에 서 있는데 선지자급 포스에 혹한 일본인 관광객들이 같이 사진을 찍자고 난리였단다. 농담으로 모델값을 내라고 했더니 내놓더라는 거다. 애처럼 좋아하는 그를 보며, 그동안 대체 이 사람 앞에서 왜 그리 긴장했나 싶었다.

그를 '아빠'라고 말하게 된 계기는 누군가 엘리와 그가 부녀지간이냐

길 위의 가족
오뉴월, 흐느적거리는 나른한 오후의 풍경
속에 그들이 있었다.

고 물은 뒤부터였다. 엘리가 딸이면 나도 딸이다, 그리 풀렸던 것 같은데 마음 편하게 '아빠'라 부를 수 있게 된 건 또 한참 지나서였다. 누가 직업을 물으면 그는 "가정 남편"이라고 소개했다. 부인이 돈을 버는 동안 그는 살림을 도맡아 두 아들을 키웠다. 노래를 만들고 그림을 그렸다. 두 아들은 성인이 됐고 그의 창고엔 팔리지 않는 그림이 쌓였다. 돌보고 가꿀 대상을 잃어가는 윌름의 불안을 엿본 뒤, 우스개처럼 엘리와 나는 그를 '아빠'라고 불렀다.

오뉴월, 흐느적거리는 나른한 오후의 풍경 속엔 그들이 있었다. 몰리나세카 마을에 다다르자마자 땀내 풍기는 우리는 강으로 기어들었다. 특히 불곰 블레어에게 동네 아이들이 달려들어 물로 공격을 퍼부었다. 짝사랑하는 한국인 여자에게 고백하겠다며 노래 한 가락만 알려달라 부탁하기에 〈산토끼〉를 가르쳐줬더니 〈산토끼〉를 교향곡처럼 분석하며 연습에 몰두한 그, '깡충깡충'이라는 힘겨운 발음에 좌절하던 그, 그렇게 앙증맞은 불곰 블레어는 아이들의 공격에 호통 한번 못 치고 줄행랑을 쳤다. 그를 놀려먹고 느린 걸음으로 밥을 먹으러 갔는데 식당에서 다른 순례자를 만난 윌름이 자기가 집에서부터 걷게 된 사연을 풀어놓고 있다. 엘리는 "나 저 이야기 몇 번 들었는지 아냐"고 푸념하고, 아디는 "같은 이야기를 계속 들어야 하는 게 가족의 숙명이야"라고 달랬다. 어스름에 내가 찻길에서 어슬렁거리자 '아빠' 윌름이 소리쳤다. "조심해야지."

누가 알았겠나. 이 이방인들이 가족같이 느껴질 줄……. 서울에서 알수 없는 길은 두려움이었다. 헛디디면, 벗어나면 바로 나락으로 떨어질 것 같았다. 그런데 이방인끼리 시시덕거리며 서로 물집을 터트려주다 보니, 사는 게 바다 같아 긴장 풀고 한번 떠 있어볼 수도 있겠다는 생각이 들곤 했다. 누군가 꺼지도록 내버려둘 만큼 우리 그렇게 차가운 사람들은 아니지 않나.

내가 왜 우울해해야 해?

순례자라고 인간성 검사받나? 걷다 보면 별로 필요한 것도 없고, 남들 배낭이나 내 거나 궁색하긴 매한가지니 탐할 거리도 없다. 안면 다 텄는 데 삿대질도 못할 일이다. 그래도 별별 군상 다 부대끼는 순례길이니, 안전하다고 해도 뒤로 넘어져 코 깨지는 수가 있다.

'그래! 오늘 한번 제대로 걸어보는 거야.'

걷기 시작하는 아침에는 이렇게 결심한다. 스페인 시골마을 돌담이 동틀 녘 보랏빛으로 물들지, 바람은 코끝에 살랑대지……. 그 순간만큼은 여덟 시간 뒤 다리 질질 끌며 머리는 땀으로 뒤범벅되어 있을 나를 까먹는다. 중소도시 아소프라를 떠나는 날 아침에도 그랬다.

낡은 차 한 대가 길 옆에 서더니 스페인 젊은이 두 명이 고개를 내밀며 손짓으로 이리 와보란다. 젊은 남자가 부르면 꼭 그렇게 가고 싶어진다. 커다란 파이를 주기에 덥석 받았다. 눈은 좀 풀리고 술 냄새도 났지만 순례자들한테 먹을거리 나눠주는 행인을 몇 명 만난 터라 호의를 의

심하지 못했다. 게다가 점심값도 굳게 생겼으니 망설이지 않았다. '고맙다' 하고 가려는데 이 젊은 남자들이 차를 몰고 계속 쫓아왔다. 생색내는 거야? 모른 척하고 걸으니 이번엔 상스러운 기운이 충만한 스페인 욕설을 나한테 퍼붓기 시작했다. 계속 가니 이제는 앞을 가로막으며 대놓고 지분거렸다.

성질나면 뵈는 게 없는 터라 나도 대거리했다. 가방에 매달아놨던 파이를 낚아채 차 앞 창문으로 냅다 던져버렸다. '먹고 떨어져라 호랑말코들아!'라고 소리치려는 순간, 이성이 덜미를 잡았다. 내가 무슨 짓을 한 거지? 내 소중한, 단 하나밖에 없는 생필품 수건, 그것도 스포츠 타월이 파이와 함께 그 '막돼먹은 녀석들' 차 속으로 쑥 들어가고 말았다.

내가 누구냐. 온몸부터 빨래까지 비누 하나로 씻는 순례자다. 단 두 벌밖에 없는 바지 중 하나를 걷기 이틀 만에 잃어버린 뒤 잠옷을 겉옷처럼 입고 활보한 나다. 마지못해 산 싼 티 줄줄 나는 바지는 한국에서 1960년대 이후 자취를 감췄을 디자인으로, 한국인 순례자들은 그 바지를 볼 때마다 "서커스나 해라"라고 야유했다. 그런 굴욕도 견뎌낸 내가 타월을 포기할 수는 없었다. 결국 나는 단 하나의 지상명령어 '타월을 사수하라'에 지배당했다.

내가 손을 차 안으로 쑥 집어넣고 여기저기 헤집어 타월을 찾기 시작하자 이런 사태를 예상해본 적 없는 '막돼먹은' 아이들은 저도 모르게 엉덩이를 살짝 들어 밑에 낀 타월을 빼줄 만큼 당황해버리고 말았다. 타월을 집자마자 나는 뒤로 돌아 냅다 달음질쳤는데 그제야 제정신 든 녀석들이 후진해서 쫓기 시작했다.

　새벽 3시도 아니고 아침 7시에 술주정뱅이들에게 쫓기다니 이게 무슨 날벼락이냐. "도와줘"라고 소리치는데 다들 자나보다. 그때, 아침 햇살로 후광까지 갖춘 순례자 클라우디아와 그의 아버지 오토, 애인 로베르토가 나타났다. 그들도 큰 힘은 없는지라 우리는 바로 옆, 문 연 가게로 숨었다. 경찰을 불러달라는데 주인아줌마는 심드렁했다. "냅둬. 불러봤자 다 도망간 다음에 와."

　'나사 하나 빠진 애들'이라 온 동네를 삥삥이 돌더니 재미가 없어졌나보다. 그날 클라우디아 일행은 나랑 같이 걸어줬다. 내가 고마워서 클라우디아한테 "엠마 톰슨 닮았다" 했더니 두 볼이 빨개질 정도로 좋아했다. 그도 역시 중요한 내용은 다 까먹는 카미노 특유의 풍토병에 걸려 막상 엠마 톰슨이 나온 영화 제목을 기억해내지는 못했다. 하루 종일 만나는 사람마다 "엠마 톰슨 나온 영화 알아?"라고 묻는 클라우디아를 보고, 아버지 오토는 "그 영화 엄청나게 중요한 모양이네"라고 중얼거렸다.

　이스라엘 여자 아디도 경을 친 적이 있다. 알베르게에서 샤워하는 동안 돈을 몽땅 도둑맞았다. 카드 비밀번호 적어놓은 종이까지 잃어버려 그는 거지꼴이 됐다. 그래도 태평해 보이기에 '괜찮냐'고 물으니 이 애늙은이는 이렇게 말했다. "내가 이 길을 걷는 동안 수많은 사람들이 나를 도와줬어. 지금 딱 한 명 나쁜 사람 만났다고 내가 왜 우울해해야 해?" 길에서 만난 친구들은 그에게 돈을 꿔줬고, 밥을 해줬다. 그는 계속 걸을 수 있었다.

순례자들의 셰프 얀

순례자에게 다리 근육만큼 중요한 건 요리 실력이다. 알베르게에서 요리를 잘하면 돈도 굳고 사랑도 받는다. 생존의 기본기를 갖추지 못한 성인은 죗값을 치러야 한다.

우선 피 같은 돈을 흩뿌려야 한다. 마을 레스토랑에서는 보통 식사보다 2, 3유로 싼 평균 9유로짜리 '순례자 메뉴'를 파는데, 싼 게 비지떡이라고 말이 전채·메인·디저트지 그걸 다 섞어서 저어 먹어도 맛에 큰 차이가 없을 것 같을 때도 있다. 그래도 배고프니 싹싹 긁어먹는다. 학생 박혜수 씨는 한 푼이라도 아끼려고 순례길의 큰 은혜, 카페콘라체(밀크커피)도 안 마셨다. 그런 그가 큰마음을 먹고 '순례자 메뉴'를 한 번 시도해보겠다고 나섰다가 지옥불에 시달리다 나온듯한 지친 샐러드를 보고 경악했다. 그는 어떻게든 돈값은 했다는 위안을 얻기 위해 "그래도 그렇게 맛이 없는 건 아니다"라며 물에 삶은 것 외에는 아무런 조리 과정을 거치지 않은 게 분명한 고깃덩어리에 소금을 뿌려댔다. 맛없어도 티도 못 냈다. 내가 똥 씹은 표정으로 수프를 깨작거리니 종업원이 '그런 식으로 먹으면 바로 접시를 빼버리겠다'는 표정으로 물었다. "맛없어?" 지레 겁먹은 나는 둘러댔다. "아니 전에 뭘 먹어서⋯⋯." 아직도 원통하다. 다음에 가게 된다면 꼭 스페인어로 당당하게 "맛없다"라고 말할 거다.

때로는 배짱 서비스를 참아야 한다. 아무리 기다려도 도무지 우리를 쳐다봐주지 않는 종업원에게 복수하려고 다른 집으로 자리를 옮긴 적도 있다. 생각해보면 그는 우리가 가버린 사실도 몰랐을 것 같다. 순례자들끼리 왜 종업원이 불친절한지 진지하게 토론하기도 했다. "어차피 순례자들은 계속 몰려올 테고, 단골이 될 수도 없는 사람들한테 신경 쓸 필요가 있나" 등 현실적 지적부터 "일에 목숨 걸지 않는 문화인가보지"라는 문화 다양성 차원의 해석까지 나왔다. 손미나 작가가 쓴 《스페인 너는 자유다》에선 다들 그녀에게 친절하던데, 내 생각엔 손님의 매력 정도에 따라 다른 것 같았다. 하여간 스페인 외식업계에 한국인의 총알 서비스 정신으로 투신하면 큰 돌풍을 일으킬 수 있을 듯했다.

돈 쓰기 싫으면 낯이라도 두꺼워야 한다. 한국 아주머니한테는 무조건 잘 보이는 게 좋다. 순례길을 시작하고 이틀 만에 한국인 부부를 만났는데 닭볶음탕을 얻어먹었다. 다음 날 아주머니는 밥과 고추장을 김으로 말아 가방에 넣어줬다. 죽자고 그 부부를 쫓아다녔는데 아쉽게도 그들은 무쇠다리 커플이었다. 뒤처져 홀로 낯선 마을 알베르게에 짐을 푼 날, 어찌나 외롭던지 그대로 잠이 들고 말았다. 눈을 떠보니 전부터 친했던 벨기에인 얀이 선물처럼 서 있었다. 사실 나는 얀보다 얀의 요리를 더 좋아했다. 그날 저녁, 이미 밥을 먹은 그는 알베르게의 굶주린 식신들을 위해 올리브기름을 둘러 생선을 굽고 레몬즙을 듬뿍 뿌렸다. 스파게티 국수를 삶고 파프리카를 볶았다. 미친 듯이 접시에 코를 박고 먹으며 이제부터 죽자고 그를 따라다니기로 결심했다.

그렇다고 주는 대로 다 먹다가는 낭패 본다. 그날도 우연히 같은 테이블에 앉게 된 순례자들끼리 내친김에 스페인 전통주 오루호를 마셔댔다. 꽤 독해 금방 취기가 올라왔다. 다들 불콰해지자 장난기 가득한 스페인 청년 네레오가 자기가 몰래 가져온 대마초를 피우겠느냐고 물었다. 박아무개 씨는 궁금증을 참지 못하고 네레오를 따라나섰다. 두세 시간쯤 지나서 알베르게로 달려 들어온 네레오가 자기 좀 도와달란다. 술과 대마초가 시너지를 일으켜 박 씨는 땅바닥에 얼굴을 묻고 엎어져 있었다. 더 잔인한 것은 한국인 얼굴에 똥칠했다며 자책할 만큼 그 처참한 순간에도 그에게 이성이 살아 있었다는 거다. 순례자 박 씨는 하필이면 성당 바닥에 위 속에 있는 모든 찌꺼기를 속죄하듯 쏟아냈다. 침대로 데려가겠다니까 또 토할지 모른다며 샤워실에 두고 가라고 자존심을 세우던 그는 그날 차가운 타일 위에서 잤다. 그가 입 돌아가지 않은 것만 봐도 카미노 길에 신은 있는 것 같다.

노란 화살표

길에서 만난 친구들은 그에게 돈을 꿔줬고,
밥을 해줬다. 그는 계속 걸을 수 있었다.

신이여, 제가 진정 이 길을 걸었단 말입니까?

낮 12시께, 걷기 시작한 지 39일 만에 도착한 산티아고데콤포스텔라 성당은 땀내와 열기로 달떠 있었다. 매일 그 시각에 열리는 순례자를 위한 미사에는 지금 막 길을 끝낸 낯익은 얼굴들이 모여 있었다. '우리가 함께 해냈다'는 묘한 열기에 들떠 별로 친하지 않은 사람들도 서로에게 달려들어 얼싸안으려 하는 찰나, 코를 타격하는 땀내, 쉰내에 멈칫하며 대충 등만 두들기기도 했다.

우리는 이 길을 끝내서 기뻤고, 이 길을 떠나야 해서 슬펐다. 휘몰아치는 온갖 감정과 독한 체취에 취해 모두 알딸딸한 순간, 한 수녀가 홀로 성가를 불렀다. 성당 안으로 노래가 공명하자 눈물이 솟구쳤다. 콧물은 더 솟았다. 연방 소매로 닦아내던 그때, 그렇게도 누군가에게 무조건 고마웠던 것 같다. 살아 있게 해줘서.

감동의 진한 국물을 우려내려는데, 신부가 설교를 시작했다. 성당 바닥에 앉은 채로 나는 심하게 졸고 말았다. 감격의 눈물이 그렇게 빨리 하품의 눈물로 바뀔 수도 있다는 깨달음을 얻었다.

순례길의 공식적인 마감 행사는 성당 안에 있는 야고보상을 뒤에서 껴안는 것이다. 긴 줄에 서 있는데 안내문이 눈에 띄었다. 오후 2시부터 5시까지는 야고보상을 안을 수 없단다. 스페인에서는 동상도 오후 휴식 '시에스타'를 즐겼다.

도가니 빠지게 걸었으니 공식적인 증서 하나는 챙겨야 뿌듯하다. 그거 없으면 누가 믿어주겠나. 순례자 사무소에 들러 스탬프 가득 박힌 순례자 여권 '크레덴시알'을 보여주니 외국어 잔뜩 적힌 종이에 내 이름을 써줬다. 담아갈 종이 상자는 사야 한다기에 앞에 있던 통에 1유로를 넣었는데 아뿔싸 그건 기부함이란다. 감격해 울고불고할 때는 언제고 1유로가 아까워 "꺼내주시면 안 돼요?"라는 말이 목구멍 직전까지 올라왔다.

골목마다 순례자로 넘실거렸다. 이산가족 상봉하듯 그간 안부와 길동무 소식을 물었다. 순례길에서 다섯 살 딸, 열세 살 아들과 함께 걷는 스페인 부부와 자주 마주쳤는데 말은 안 통했다. 오직 아들 이름을 부르며 "알렉산더야, 안녕"이라고 말하면 꼬마가 얼굴이 시뻘게졌던 것만 기억났다. 딸이 힘들다고 투정 부리면 아기용 수레에 싣고 아빠가 끌며 걸었다. 수레에는 해적 깃발이 펄럭였다. 그 '펑크 가족'도 산티아고 골목에서 마주쳤는데 엄청나게 반가웠다. 손짓·발짓을 하며 수선을 피운 뒤 사진도 찍고 나니 과한 건 아닌가 싶고 쑥스러워 그 집 아들 이름 한 번 더 불러보고 헤어졌다.

이후 아무 때나 웃는 정동희 씨, 존재만으로도 동희 씨에게 큰 기쁨을

산티아고데콤포스텔라 성당
걷기 시작한 지 39일 만에 도착한
산티아고데콤포스텔라 성당은 땀내와 열기로 달떠 있었다.

준 박혜수 씨 그리고 나, 이른바 '거지 삼형제'는 돈을 최대한 아끼며 산티아고의 밤을 즐기기로 했다. 술집에 가면 비싸니 제일 싼 포도주를 샀다. 그런데 병따개가 없다. 정 씨는 술집에 들어가더니 병만 따왔다. 박 씨와 나는 약간 창피한 기분이 들었다. 이번엔 잔이 없었다. 정 씨는 자신이 아까 쓰레기통에 생수 페트병을 하나 버렸는데 그걸 잘라 컵을 만들자는, 참으로 추접스러운 아이디어를 내놨다. 그래도 돈이 없어서 모두 동의했다. 축제 분위기가 한창인 산티아고의 밤, 우리는 이 쓰레기통 저 쓰레기통을 뒤졌다. 지쳐 병나발을 불고 싶어질 즈음, 정 씨는 자신이 버렸던 곳으로 추정되는 쓰레기통을 발견했다고 주장했다. 근거는 없었으나 피곤해서 믿기로 했다. 그는 쓰레기통을 뒤지더니 페트병 하나를 찾아내 자기가 버린 게 확실하다고 말했다. 이왕 이렇게 된 거 그냥 끝까지 믿기로 했다.

불 밝힌 산티아고 성당은 위엄 있고 고혹적이었다. 그 앞 광장에 앉아 우리는 페트병을 잘라 만든 컵 하나로 포도주를 돌려 마셨다. 여기저기서 노래가 흘러나왔다. 불콰해져 셋이 셀카도 함께 찍었는데 꼭 한 사람 들어가면 한 사람이 빠졌다. 셀카도 제대로 못 찍는 서로를 비난하는 재미에 빠져들 때쯤, 애늙은이 이스라엘 친구 아디, 겉모습만 선지자인 벨기에인 윌름, 공주 몰골에 무수리 마음을 지닌 엘리가 광장 한복판에 서 있었다.

하루 이틀 사이 모두 흩어져 일상으로 돌아가게 될 우리, 한동안 서로를 가족보다 가깝게 느꼈지만 결국 다시 보기 힘들어질 걸 아는 우리는, 그날 한순간의 불꽃놀이처럼 공중분해했다.

우리는 매일 길을 나선다. 아침마다 조금 더 나아간다.
날마다 길이 우리를 부른다. 그래, 까짓 거 한번 믿고 가보자.

그래, 까짓 거 한번 믿고 가보자

믿을 건가 말 건가? 막판까지 헷갈렸다. 아침 9시에 산티아고데콤포스텔라를 떠나는 비행기를 타야 했다. 6시께 알베르게를 나서는데 대문이 잠겨 있었다. 담장은 내 키보다 1.5배는 높아 보였다. 게다가 끝에는 뾰족한 작은 창들이 박혀 있었다. 알베르게에서는 들고 날 수 있는 시각이 보통 정해져 있는데 관리인이 어젯밤 통금이 지난 뒤 잠그고 퇴근해버린 것 같았다. 새벽길에서 지난 39일을 돌아보며 막판 벼락치기로 깨달음 한번 얻어 보려 했는데 사색이고 뭐고 똥줄 타게 생겼다.

황당해서 두리번거리는데 층계에 껄렁해 보이는 두 청년이 앉아 있었다. 알베르게 안에 있으니 순례자인 것 같긴 한데 어디서 불량하게 놀았을 법한 행색에, 게다가 남루했다. 사실 몰골로 따지면 걔들이 날 무서워해도 모자랄 판인데 불안에 떨다 보면 꼭 최악의 상황을 상상하게 된다.

"도와줄까? 너 혼자서는 저 담 못 넘어." 어쩌겠나. 비행기 놓치면 다음 티켓 살 돈이 없었다. 큰 배낭 속에야 썩어빠진 속옷에 침낭밖에 없으니 내줄 수 있었다. 그런데 지갑·여권 등이 든 작은 배낭을 주자니 마음이 놓이지 않았다. 그래서 꾸역꾸역 작은 배낭을 어깨에 둘러메고 담장을 넘겠다고 덤비니 한 청년이 대뜸 나무랐다. "그것도 내려놔야지. 가방 걸려 떨어지면 어쩌려고 그래. 미쳤어?" 심하게 갈등하면서 또 쟤들이 내가 의심한 거 눈치 챈 거 아닐까 하는 눈치까지 봐야 하니 골치가 아팠다. 모르겠다. 가방을 내려놓고 나니 둘이서 손으로 층계를 만들었다. 나는 그들의 손과 어깨를 밟고 담장 꼭대기 창을 잡았다. 그 친구들이 힘을 짜내 내 엉덩이를 밀어 올렸다. 뾰족 창에 엉덩이를 찔릴 듯 아슬아슬 위에 서니 그 친구들이 배낭을 들어 올려줬다. 그제야 담을 사이에 두고 통성명했다.

산티아고데콤포스텔라는 기쁘고 쓸쓸한 도시다. 거의 한 달을 같이 걸어 찐득찐득 가족같이 느껴졌던 길동무들도 도착한 날 감격에 한바탕 놀고 나면 일상으로 흩어진다. 하루 더 남았던 박혜수 씨, 이틀 전만 해도 골목마다 아는 얼굴 가득했던 도시에서 졸지에 낯선 혼자가 됐다고 한다. 순례자에게는 산티아고 도착이 일생일대 성취겠지만, 도시는 밥을 먹으면 똥을 누듯 그렇게 매일 한 꾸러미 새로운 순례자들을 쏟아냈다.

함께였던 시간들이 신기루 같아질 때가 있다. 내가 자괴감의 구렁텅이에 빠졌을 때 "사람이 완벽해서 사랑받는 게 아니야"라고 말해줬던 애늙은이 아디, 자기를 평생 지켜줬다는 천사 인형을 선물로 준 엘리…… 헤어진 뒤 한 달 두 달 지나니 전자우편도 뜸해졌다. 아디는 남자친구와 함께 살기로 했다고 한 뒤 감감무소식이다. 엘리는 특수학교 교사가 되겠다고 공부 시작하더니 소식이 뚝 끊겼다. 은행 때려치우겠다고 호언장담하며 친구한테 "우리 같이 레스토랑을 열자"는 문자를 보냈다가 씹힌 마크는 여전히 은행에 다닌다고 했다.

걸었던 시간이 믿기지 않을 때도 있다. 나, 걷기 전하고 거의 똑같다. 여전히 누구라도 행여 무시하지 않을까 날 세우느라 퇴근해 돌아가는 지하철에서 피곤에 절어 잔다.

하지만 때때로 끝없이 이어지던 밀밭, 인간을 꼬치로 꿰어 먹겠다는 듯 달려드는 해와 함께 아무 이유 없이도 이 세상 전체한테 사랑받는 기분이 들던 그때의 내가 떠오른다. 그렇게 즐거울 수도 있는 것이다.

오지 않는 답 메일에 대한 서운함도 잊혀져갈 즈음, 우편물 하나가 배달됐다. 팔리지 않을 그림과 노래만 만들어내던 윌름의 첫 앨범이었다. 윌름 작사·작곡·제작·연주의 앨범 〈노란 화살표〉(산티아고 길을 표시하는 화살표)였다. 들어보니 역시 안 팔릴 것 같았다. 앨범엔 그가 자주 부르던 순례자 구전 노래도 담았는데 사실 그 노래가 가장 좋았다. "우리는 매일 길을 나선다. 아침마다 조금 더 나아간다. 날마다 길이 우리를 부른다. 콤포스텔라가 부르는 소리다. 가자! 가자!" 이 노래를 듣다 보면 '그래, 까짓 거 한번 믿고 가보자'는 생각이 들기도 한다. 나도 그렇고 남도 그렇고.

에필로그

왜냐고? 그때 내 심장이 뛰었으니까

"네 눈에 눈물이 고일 때, 주위를 둘러봐도 친구가 없을 때, 험한 강위 다리처럼, 내가 다리가 돼줄게." 2018년 11월, 버스가 자유로로 진입할 즈음 라디오에서 '사이먼 앤 가펑클'의 〈브리지 오버 트러블드 워터 Bridge over troubled water〉가 나왔다. 창밖으로 후미등이 늘어섰다. 혼자였다. 2009년 6월, 산티아고 순례길, 한 알베르게에서도 이 노래가 흘렀다. 땀에 절어 들어가자마자 풀썩 주저앉았을 때였다. 순례자면 공짜로 떼 지어 잘 수 있던 그 방, 침낭 속에서 심장이 터질 것 같았다. 나는 폴더 핸드폰을 쥐고 있었다. "널 좋아한다고 내가 말했던가?" 서른네 살이 될 때까지 그 누구에게도 차마 하지 못했던 말을 문자로 보내고 난 직후였다. 길에서 만난 독일인에게, 알지도 못하면서.

기자 생활 10년 차가 된 2009년은 허리 통증으로 시작됐다. 사실 아픈 건 허리가 아니었다. 자괴감, 열등감이 목젖까지 올라왔다. 회사 근처

원룸으로 퇴근하면 새벽 3, 4시까지 멍하게 텔레비전을 봤다. 올림픽 마라톤 완주까지 넋 놓고 봤다. 신경정신과에 갔더니 진단서를 끊어줬다. "1년 하실래요? 6개월 하실래요?" 그렇게 휴직을 얻었다. 우연히 서점에서 본 산티아고 책을 들고 비행기표를 끊었다. 당연히 돌아올 거라 생각했다. 왕복 비행기표처럼 삶도 내가 예상하고 계획할 수 있다고 오만을 부렸던 거 같다. 9년에 걸친 여행의 시작이었다.

가진 거라곤 8킬로그램 배낭과 물집, 할 일이라곤 노란 화살표를 따라 걷는 것밖에 없던 그 순례길에서 왜 그런 용기가 났는지 모르겠다. 그곳에서 중요한 건 지금, 여기뿐이었다. 17킬로미터 밀밭만 펼쳐진 길을 터덜터덜 걷던 어느 날, 갑작스럽게, 어떤 존재로부터 아무 이유 없이 사랑받는 느낌이 들었다. 물집 잡힌 발로 걷고, 숨 쉬고, 땀에 전 팔뚝 위로 바람이 스치고, 길바닥에 털썩 주저앉아 있으면 누군가 지나가다 말을 걸어주는, 그런 것들이 증거였다. 거기엔 같이 걷지만 다시 만날지 몰라 되레 자기를 보여줄 수 있는 사람들이 있었다. 가진 것도, 고통도 비슷했다. 평등하고 느슨한, 움직이는 공동체다. 이스라엘 여자 아디는 내게 이렇게 말했다. "너는 사람이 완벽해야 사랑받는다고 생각하나봐?" 그날 밤, 나는 그에게 문자를 보냈다. 앞으로 어떻게 될지, 내가 사랑받을 자격이 있을지, 생각하고 싶지 않았다. 그때 내 심장이 뛰었으니까.

마흔네 살 독일인은 답을 보냈다. 그 밤에 온 문자를 따라 독일, 부탄까지 갔다. 산티아고 순례길을 마치고 3년 뒤, 알지도 못했던 그 타인, 앞으로도 알 수 없을 타인과 결혼했다. 독일 가족들은 따뜻했다. 세입자를 함부로 쫓아내지 못하도록 법으로 보호하고 있기에 한 마을에 오래 함께 산 이웃들이 있었다. 한 빌라, 아홉 가구 가운데 결혼으로 맺어진 '정상가족'은 두 가구뿐이었는데 이웃이 가족보다 더 붙어 다녔다. 외로 웠냐 하면 딱히 그렇지는 않았다. 그런데 고역이었다. 이곳에는 내 자리 가 없는 것 같은, 경계에 선 듯한 아슬아슬함이 그림자처럼 따라붙었다.

어느 부활절, 식탁에는 삶은 계란이며, 토끼 모양 초콜릿 따위가 앙증 맞게 놓여 있었다. 4월 햇살이 거실 깊숙이 들어왔다. 독일 가족이 다 모 였다. 내가 잡채를 만들었는데 면발이 우동이 됐다. 항상 친절한 시동생 이 물었다. "이 면발은 뭐로 만든 거야?" 핸드폰에서 찾아보려고 자리에 서 벌떡 일어났다. 시동생이 말했다. "독일에서는 함께 식사할 때 그렇게 마음대로 자리 뜨는 거 아니야." 나는 다시 앉았다. 이 사소한 기억에는 여전히 옅은 모멸감이 배어 있다. 보호하고 가르쳐야 할 대상, 아이가 된 것 같았다. 적응은 외국인인 내 몫이었다. 내가 선 자리가 불안해서, 내 가 누구인지 잡히지 않아 쉽게 상처받았다. 그 모든 호의, 재벌도 한국에 선 못 누리겠다 싶은 공원과 라인강을 누리면서도 시시때때로 다리가 후 들거렸다. 나는 한 사람의 성인으로 서 있지 못하고 있구나.

그래도 함께 다리 후들거리며 기댈 수 있는 친구들이 있었다. 경계에 선 외국인 29명. 독일 방송사 도이치벨레와 본 대학이 함께 마련한 대학 원 과정은 학구열 따위는 상관없이 국적으로 학생을 뽑았던 것 같다. 파 키스탄, 이란, 요르단, 인도네시아, 러시아, 우크라이나…… 24개 나라 에서 모였다. 지독히 오해하고, 미워하고, 함께 먹고, 웃었다. 우리는 달랐고, 또 비슷했다. 이리저리 눈치 보기 바쁜 내게 이란 친구 쇼라는 말했다. "네 기준에만 맞으면 되지, 어떻게 잘 알지도 못하는 남의 기준에 맞춰 사니."

2015년 5월, 독일어가 좀 들리나 할 즈음에 두 번째 이방인 생활이 시작됐다. 부탄항공 드루크에어 창문으로 히말라야 산맥들이 보였다. 아르바이트 하나 하려 해도 산더미 같은 서류를 요구하는 독일에서 보험 따위 들지 않고 운전해도 아무도 뭐라 하지 않는 부탄으로 날아가는 중이었다. 그곳으로 남편이 발령 받자, 나도 당연하다는 듯 짐을 쌌다.

말만 안 하면 내가 부탄 사람인줄 아니 독일보다 마음의 이물감은 덜했다. 초코 아이스크림 하나 사 먹으려면 팀푸 시내를 한참 뒤져야 하니, '기름기' 밴 몸이 느끼는 이물감은 독일에서보다 더했다. 국민총생산보다는 국민총행복을 더 중요하게 생각한다는 나라, 1인당 국민총생산이 한국의 10분의 1수준이지만, 의료와 교육이 공짜인 나라다. 개에게 물리면 멋쩍게 웃으며 "개는 행복했겠지 뭐"라고 말하는 청년, 아는 사람이건 아니건 절에서 축복받은 음식을 나눠 주는 할머니, 파리 한 마리도 살생하지 않으려 하지만 남이 죽인 고기라면 환장하는 사람들을 만났다. 병원은 무료지만 그 병원을 찾기 힘들고, 학교도 공짜지만 학교 건물은 무너져가는 곳. 과거와 미래, 변화와 안주가 섞여 들어간 공간이었다. 그곳을 잠깐 방문한 외국인들은 부탄이 '오래된 미래' 라다크로 남아주길 바랐다. 하지만 이제 아이패드를 열망하는 아이들이 하나둘 늘어나고, 울퉁불퉁 프리스타일 포장길을 시속 30킬로미터로 달리는 포르셰도 등장했다.

2016년 4월, 미세먼지가 숨통을 틀어막는 한국에 나는 다시 불시착했다. 어머니는 오랜만에 온 딸에게 주려고 낙지를 샀다. 어머니가 낙지를 손질하는 사이, 나는 밖으로 뛰쳐나갔다. 희뿌연 거리를 걷다 정신을 차려보니 어머니 신발을 신고 있었다. 2009년 산티아고 순례길, 그 밤에 나눈 문자 메시지에서 시작했던 여정은 그렇게 끝났다.

사랑과 시련은 느닷없이 왔다 갔다. 삶의 굴곡은 내가 통제할 수 없었다. 하지만, 그 이야기는 내가 쓸 수 있다. 남자 하나 믿고 여기저기 떠돌다 개털 돼 돌아온 실패기로 쓸지, 내 마음에 솔직했고 타인을 결코 이해할 수 없을 줄 알면서도 이해하려고 노력했던 시간들로 쓸지, 내가 결정할 수 있다. 중요한 것은 경험보다 태도와 해석인지 모른다. 아우슈비츠 생존자인 정신과 의사 빅터 프랭클은 이렇게 썼다. "정말 중요한 것은 우리가 삶으로부터 무엇을 기대하는가가 아니라 삶이 우리로부터 무엇을 기대하는가 하는 것이라는 사실을…… 인생이란 궁극적으로 이런 질문에 대한 올바른 해답을 찾고, 개개인 앞에 놓인 과제를 수행해나가기 위한 책임을 떠맡는 것을 의미한다."《죽음의 수용소에서》

산티아고 순례길에서 독일, 부탄까지 걸으며 나는 무엇이 달라졌나. 아디, 쇼라, 임란, 베른트, 크리스텔…… 이국의 이름들, 그 완벽한 타인들은 우리가 얼마나 다른지, 얼마나 서로를 이해할 수 없는지, 그럼에도 이해하기를 멈출 수 없음을 가르쳐준 스승들이었다. 그들을 만나 내 마음 속에 도사리고 있으나 보지 못했던 인종주의, 의존하고 싶은 마음, 삶에서 회피하도록 떠밀던 불안 따위가 고스란히 표면으로 올라왔다. 내

326
×
327

'꼬라지'가 그랬다. 그 '꼬라지'의 내가 한 어른으로 서지 못한다면, 타인을 사랑한다는 건 거짓말이다. "라이크 어 브리지 오버 트러블드 워터 (Like a bridge over troubled water)"의 그 '다리'는 타인이 아니라 내 두 '다리'여야 했다.

　밀밭, 라인강, 히말라야, 따뜻했던 순간들은 지나갔다. 서울 자유로 한 버스 안에서 나는 혼자였다. 그렇지만, 그 순간들은 여전히 거기 있고 또 쌓인다. 내가 기억하는 방식으로, 내가 건져 올린 의미로.